AF586319

Chi ha ucciso Napoleone?

10 nuove indagini scientifiche per salvare la storia

Pr Gérard Lucotte, Scuola di antropologia di Parigi
e dott. Philippe Bornet

Chi ha ucciso Napoleone?

10 nuove indagini scientifiche per salvare la storia

Prefazione del professor Jean Tulard

Max Milo

www.maxmilo.com
ISBN : 978-2-31502-374-5

Alle nostre madri
G.L. e Ph.B.

Il futuro di un bambino è il lavoro della madre
Napoleone

Ringraziamenti

Gli autori desiderano ringraziare il professor Jean-Noël Fabiani, professore emerito di Storia della medicina, per la revisione del capitolo 13.

Prefazione

Lo storico si basa su documenti (carte, trattati, ricevute) o testimonianze (lettere o memorie). Non scrive nulla che non possa provare, mettendo sempre i suoi riferimenti in fondo alla pagina, quelle famose note che costituiscono la base dell'erudizione.

Ma a volte si trova in difficoltà di fronte alla mancanza di prove. È allora che deve rivolgersi alla scienza.

Napoleone offre una serie di enigmi. Era figlio di Carlo Bonaparte o del conte di Marbeuf? Fu avvelenato con l'arsenico? In caso contrario, quale fu la malattia che gli tolse la vita? Infine, riposa in stato di grazia a Les Invalides o il corpo del suo maggiordomo Cipriani si trova lì?

Sono stati condotti numerosi studi che hanno fornito risposte contraddittorie in assenza di una documentazione conclusiva.

Il professor Gérard Lucotte, direttore dell'Institut d'Anthropologie et de Génétique Moléculaire e specialista del cromosoma Y, coadiuvato dal dottor Philippe Bornet, eccellente storico di Napoleone[1], ha utilizzato capelli, frammenti di pelle e campioni prelevati dai discendenti dell'imperatore per esaminare questi problemi, rimasti insoluti per il ricercatore-storico a corto di documenti.

Sulla base di queste analisi, egli fornisce finalmente le risposte alle domande a cui gli storici non hanno saputo rispondere.

Clio è in silenzio. È l'ora della Genetica.

Jean Tulard
dell'Académie des Sciences morales et politiques
Professore emerito alla Sorbona

---

1. Bornet Philippe, *Napoleone e Dio*, Via Romana, 2021.

1. Introduzione

Qual è il ruolo della genetica, e più in generale della scienza, nella ricerca storica? Può essere applicata ai vari enigmi che ancora circondano la vita e la morte di Napoleone, in assenza dei documenti citati dal professor Tulard? L'imperatore fu avvelenato con l'arsenico dal generale Montholon per ereditare i due milioni di franchi promessi nel testamento, come molti francesi ancora credono: «Il ruolo degli scienziati non è quello di dimostrare che Napoleone è stato assassinato [...]. Questo è il compito dello storico»[2], sostengono due noti storici.

A questi storici vorrei far notare che la storia è una disciplina *assertoria*: procede per argomenti. Il prezzo da pagare è che la discussione tra le opinioni opposte non cessa mai del tutto. Anche se il dibattito diventa più chiaro, ci saranno

2. LENTZ Thierry e MACÉ Jacques, *La mort de Napoléon, mythes, légendes et mystères,* Perrin, 2009, pag. 152.

sempre dei lettori che si rifiutano di accettare le argomentazioni dell'altra parte.

La scienza, invece, è una disciplina *apodittica*[3]. Procede con umiltà e lentezza, passando dal semplice al complesso e dal noto all'ignoto. Misura, quantifica e si basa su una serie di esperimenti riproducibili e verificabili. D'altra parte, nessuno può sfuggire alle certezze che stabilisce, salvo disonestà o interpretazione errata dei fatti.

*

Un esempio: i capelli di Napoleone sono innegabilmente ricchi di arsenico. Le ricerche condotte nel 2001 dal dottor Pascal Kintz dell'Istituto di Medicina di Strasburgo, su richiesta di Ben Weider, hanno stabilito che l'arsenico presente nei capelli di Napoleone era di origine minerale e presente nel midollo pilifero, il che significa che era entrato nel flusso sanguigno a seguito di un avvelenamento generale. Si sarebbe quindi trattato di un'intossicazione cronica o di un avvelenamento.

Se l'avvelenamento c'è stato, lo storico si perde in congetture sull'origine dell'arsenico: proveniva dalla carta da parati, dalle vernici, dal veleno per topi?

---

3. È apodittico, dal greco antico ἀποδεικτικός, una proposizione, un giudizio, con il carattere dell'universalità e della necessità assoluta, cioè ciò che è necessariamente vero per ogni mente.

Se c'è stato un avvelenamento, il colpevole non è stato identificato, il movente dell'avvelenamento non è stato stabilito e non ci sono prove ammissibili a sostegno dell'accusa.

Gli storici, oscillando tra queste due ipotesi impossibili, concludono solo con un certo malumore che la teoria dell'avvelenamento è incoerente.

La scienza permette ora di determinare la posizione precisa di questo arsenico utilizzando un microscopio elettronico, che cambia completamente l'interpretazione data finora alla sua presenza.

Un altro enigma: il corpo di Napoleone fu trafugato dagli inglesi e sostituito da quello del maggiordomo Cipriani, morto poco prima?

Lentz e Macé dimostrano le incongruenze di questa tesi, ma sono infastiditi dalla scomparsa della tomba di Cipriani dal cimitero di Sainte-Hélène, una tomba la cui scoperta avrebbe rovinato definitivamente la tesi della sostituzione: «per una mente scientifica o curiosa [...]», dicono, «una conclusione è ovvia: scaviamo la tomba a Les Invalides»... Ma, sostengono gli storici, questa sarebbe una «profanazione ingiustificata». In breve, il metodo storico ha fallito. O si riconosce il fallimento, o la Storia si affida alla Scienza.

I lettori scopriranno come, con l'aiuto di uno storico, la Scienza (con molta audacia, ma a volte è quello che ci vuole) ha superato questo ostacolo.

Vedremo anche che la scienza può ratificare il giudizio della storia. Ad esempio, la maschera fusa da François Antommarchi, medico dell'imperatore a Sant'Elena, è effettivamente una «ricostruzione [che] non rappresenta il volto di Napoleone», ma è stata realizzata a partire da un calco autentico. Ciò fornisce un nuovo livello di certezza.

Ma chi se non la scienza avrebbe potuto scoprire l'origine dei lontani antenati di Napoleone attraverso la determinazione del cosiddetto *aplotipo*[4]? Chi avrebbe potuto mettere in dubbio la fallace informazione, offensiva per la memoria dell'Imperatore, diffusa da fonti giornalistiche anglosassoni, secondo cui il suo pene sarebbe finito nel gabinetto delle curiosità di un urologo americano? Chi avrebbe potuto smentire o confermare la discendenza di Luigi Bonaparte, re d'Olanda, del principe Napoleone, di un discendente di Gerolamo, dell'attuale conte Walewski e dell'americano, ancora sconosciuto, Mike Davis? Come spiegare la sorprendente conservazione del corpo in un clima tropicale e*, non da ultimo,* chiarire **la vera causa della morte di Napoleone**? Se non la scienza.

Per dodici anni, dal 2010 al 2022, sono state condotte non meno di una dozzina di indagini scientifiche, con l'aiuto del Principe Carlo Napoleone (discendente dell'Imperatore

---

4. Un aplotipo è un insieme di geni situati sullo stesso cromosoma e trasmessi ai discendenti.

attraverso il ramo discendente da Jérôme Bonaparte, fratello minore dell'Imperatore) e del Conte Walewski (discendente di un figlio naturale di Napoleone I). Grazie al suo laboratorio di genetica e al microscopio elettronico, abbiamo realizzato un'impresa gigantesca che stupirà tutti gli appassionati di Napoleone.

*

Ma prima di presentare i risultati del nostro lavoro, vorrei parlarvi un po' delle mie origini familiari e del mio percorso professionale. I Lucottes sono borgognoni, originari del cantone di Arnay-le-Duc, nell'attuale dipartimento della Côte-d'Or. La Borgogna è una provincia che ha sempre attirato l'attenzione di Napoleone Bonaparte, che voleva acquistarvi una proprietà quando era ancora generale. È stata ritrovata una sua lettera al suo segretario Bourienne su questo argomento. Un Claude Lucotte, un bracciante, vi si era stabilito alla fine del regno di Luigi XIV, dando origine a un'intera stirpe di Lucotte, la più famosa delle quali, generale dell'Impero e amico del generale Hugo (padre di Victor), ha dato il nome a una vecchia strada del XV arrondissement di Parigi[5].

5. La rue du Général-Lucotte, nel XV arrondissement di Parigi, iniziava in rue Lucien-Bossoutrot e terminava in avenue de la Porte-de-Sèvres. Dopo essere servita come strada di servizio per le officine di manutenzione della linea 3 del tram, è scomparsa nella nuova sede del Ministero della Difesa.

I Burgundi, considerati ragazzi spiritosi, un tempo sudditi di Carlo il Temerario, sono gli eredi della Lotaringia a forma di clessidra fondata da Lotario II (855-869), che si estendeva dai Vosgi alla Frisia e comprendeva l'attuale Lorena, del Ducato di Borgogna che ha dato origine anche alle Fiandre, di una terra in cui gli abitanti erano amanti e mistici.

Mio padre era un chirurgo e io stesso iniziai a studiare medicina, anche se presto preferii la biologia all'austera clinica.

Ho iniziato la mia carriera professionale al CNRS di Gif-sur-Yvette, poi sono diventato capo reparto al Centre National de transfusion sanguine, in rue Alexandre-Cabanel a Parigi. È stato un periodo difficile, negli anni dello scandalo del sangue contaminato, quando gli emofiliaci ci aspettavano all'uscita per strappare le loro tessere del gruppo sanguigno e sputarci addosso. Nel 1982 ho fondato a Parigi uno dei primissimi laboratori francesi di genetica molecolare umana, dove ho scoperto i marcatori del DNA del cromosoma Y, soprannominato cromosoma di Abramo (per una delle sue forme). Sono diventato professore alla Scuola di Antropologia di Parigi, incarico che ho mantenuto per il resto della mia vita, e ho fondato l'Istituto di Antropologia e Genetica Molecolare.

Fisicamente sono di altezza media, ma mi sono fatto crescere i baffi e ora porto i capelli lunghi come segno di autorità accademica. Moralmente, detesto gli assillatori, i chiacchieroni e i bisbetici di ogni tipo che cercano di dirmi cosa devo pensare.

Napoleone non aveva ancora incrociato il mio cammino quando tutto cambiò, grazie a un medium…

*

Il testo che ci accingiamo a leggere è pensato per essere accessibile a chiunque abbia avuto una formazione scientifica nella scuola secondaria. I passaggi delle note e delle appendici sono destinati più specificamente agli scienziati, che dovrebbero leggerli prima di fare riferimento ai miei articoli.

2. Come è iniziato tutto

Come sempre, tutto è iniziato con e per una donna.

Oggi, tre dinastie rivendicano il diritto di regnare sulla Francia nell'improbabile caso di scomparsa della Repubblica.

Il principe Jean d'Orléans o Jean de France, pretendente orleanista, nato nel 1965, figlio di Henri d'Orléans, conte di Parigi (morto il 21 gennaio 2019, anniversario della morte di Luigi XVI), discende dal fratello minore di Luigi XIV, Filippo, duca d'Orléans.

Luigi di Borbone, nato nel 1974, figlio del Duca d'Angiò, pretendente legittimista, è un discendente diretto di Luigi XIV. Il suo antenato Philippe de France dovette rinunciare ai suoi diritti alla corona francese al momento del Trattato di Utrecht del 1713 per salire al trono spagnolo.

Jean-Christophe Napoléon, nato nel 1986, è un discendente di Jérôme Bonaparte e, alla morte del padre, porterà il titolo di Principe Napoléon, come è regola da Napoleone III in poi. È degno di nota il fatto che sua madre sia una Borbone delle Due Sicilie e che abbia sposato Olympia von Arco-Zinneberg, un'Asburgo (Maria Luisa ne sarà stata contenta!), lei stessa discendente dei re francesi Carlo X e Luigi Filippo. Il nonno lo preferì al padre Carlo come erede al trono imperiale, a causa del divorzio di quest'ultimo e delle sue idee politiche socialiste di sinistra. Entrambi sono discendenti di Jérôme Bonaparte, fratello minore di Napoleone I.

Carlo Bonaparte aveva una sorella gemella, la principessa Caterina, all'epoca assistente sociale e amica di Patricia Darré, giornalista, scrittrice e medium. La Darré ha scritto diversi libri sulle sue esperienze paranormali, pubblicati da Michel Lafon, per i quali è stata ospite di Stéphane Bern e Nikos Aliagas. Sostiene di essere stata in contatto con personaggi storici come... Napoleone, che le avrebbe detto che i suoi resti non giacevano a Les Invalides e che non gradiva che la sua memoria fosse venerata in un luogo dove non c'erano i suoi resti.

*

Nel 2010, la teoria secondo cui gli inglesi avrebbero sostituito il corpo di Napoleone era ancora in pieno svolgimento. La principessa Caterina, che ha un carattere fine e nervoso (comune alle donne), forse sentendosi in colpa all'idea di non fare nulla per la memoria del suo glorioso antenato, riunì all'Hôtel Lutetia la crème de la crème dei napoleonâtres e dei bonapartisti per dibattere sull'argomento. Tra un gruppo di specialisti, curiosi e giornalisti, c'erano storici come l'eccellente David Chanteranne del *Souvenir napoléonien* e Jean-François Prévost, professore di diritto costituzionale e diritto europeo alla Dauphine – amico dello scrittore Didier Van Cauwelaert – e membro dell'Institut d'Anthropologie et de Génétique Moléculaire, di cui sono il fondatore.

Prévost mi aveva invitato a questo incontro in qualità di genetista, appassionato della cosiddetta genetica al servizio della storia, la genetica storica, talvolta chiamata genetica ricreativa (la parola ricreativa è una cattiva traduzione dell'inglese, a significare che questo tipo di genetica si interessa di argomenti insoliti al di fuori del suo campo d'azione ordinario). Questa genetica «ricreativa», che è certamente molto piacevole, in realtà non è affatto ricreativa e richiede – e io posso testimoniarlo! – Ha contribuito a svelare alcuni misteri storici, in particolare l'identificazione dei corpi dei Romanov liquidati dai sovietici.

Il collezionista Pierre-Jean Chalençon, un famoso presentatore televisivo dai capelli biondi che da allora è stato accusato di aver organizzato cene clandestine durante il periodo di confino, era disposto a fornire i capelli di Caroline, sorella di Napoleone. Da parte mia, ho chiesto una copia certificata dei capelli di Napoleone stesso.

Come ho appreso durante questo incontro, il museo di Châteauroux possedeva un reliquiario appartenuto a Vivant Denon, il primo direttore del Museo del Louvre, che conteneva uno stoppino di Napoleone.

L'incisore Vivant Denon (1747-1825) era a capo del Cabinet des Médailles di Luigi XVI. Fu sorpreso dalla Rivoluzione in Italia e, considerato un emigrante, tornò in Francia solo grazie alla protezione del pittore David. Amico del generale Bonaparte, che si dice abbia conosciuto in una modisteria nel 1793, partecipò alla campagna d'Egitto e divenne direttore del museo che sarebbe diventato il nostro Louvre fino al 1815.

È possibile tentare un'identificazione genetica da questo campione? Napoleone e Caroline devono essere entrambi portatori del DNA mitocondriale (in breve mtDNA) lasciato in eredità dalla madre Letizia. Questo mtDNA viene trasmesso a tutti i figli, maschi e femmine, nella prima generazione. Il suo studio potrebbe fornire un marcatore iniziale per l'identificazione formale. Tre altre équipe consultate in precedenza su questo tema avevano fallito prima di me. Era disponibile un finanziamento di 5.000 euro da parte della Principessa Catherine. Ho accettato la sfida.

*

Il Musée de Châteauroux è un museo comunale e come tale dipende dalla città. Non fa parte dei Musei nazionali. La collezione che custodisce proviene principalmente dal generale Bertrand, a cui si deve il famoso ponte che permise di attraversare il Danubio prima della battaglia di Wagram nel 1809 e che, insieme alla sua famiglia, fu uno sfortunato compagno dell'Imperatore. Bertrand ha lasciato una serie di *taccuini* in forma stenografica, molto difficili da leggere e pubblicati tardivamente, a partire dal 1949. Una versione completamente restaurata di questi taccuini è stata pubblicata da François Houdecek, della Fondation Napoléon, in occasione del bicentenario della morte di Napoleone nel 2021. Bertrand fu testimone degli ultimi momenti di Napoleone, firmò il verbale della sua sepoltura e lo riconobbe formalmente nel 1840, al momento della restituzione delle ceneri.

All'epoca Michèle Naturel era direttrice del Musée Bertrand, che era ospitato nella casa di città del generale Henri-Gatien Bertrand (costruita da suo nonno nel XVIII secolo) e che nel corso del tempo ha ricevuto lasciti da altri collezionisti, tra cui il bibliofilo Jean-Louis Bourdillon (1782-1856), la collezionista Vivie de Régie e un discendente della famiglia Thabaud Boislareine-Desaix. Tra gli oggetti lasciati in eredità c'erano i souvenir appartenuti a

Vivant Denon, una scatola contenente i capelli del corpo mummificato di Letizia (madre di Napoleone) e due maschere mortuarie dell'Imperatore.

Mi sono rimesso in contatto con Mme Naturel, che avevo conosciuto in occasione di un incontro alla Lutétia, e nonostante le pressioni indecorose di concorrenti senza scrupoli, alle quali ha resistito vittoriosamente, con l'appoggio del suo consiglio comunale, sono riuscito (forse guidato dagli spiriti di Napoleone!) di recarmi a Châteauroux, la capitale del Berry di cui Patricia Darré è originaria e dove un tempo pullulavano incantatori e stregoni, per esaminare il reliquiario di Vivant Denon e poi farmi aprire davanti la scatola contenente i capelli della madre di Napoleone...

*

Da quando è scoppiata l'epidemia di Covid-19, tutti hanno sentito parlare della PCR come mezzo per identificare questo coronavirus a partire dal suo RNA. In buon francese, dovremmo dire ACP, cioè reazione a catena della polimerasi. Amplificazione, perché il frammento di DNA (lo stesso vale per l'RNA nel caso del covid-19) viene copiato a ogni ciclo: i due filamenti di DNA ne danno 4, 8, 16, 32, ecc. sotto l'effetto di un enzima, chiamato polimerasi, che provoca la reazione biochimica. L'obiettivo è ottenere un numero sufficiente di molecole di DNA per l'analisi biochimica.

Il DNA (acido desossiribonucleico) è una molecola a doppia spirale. Immaginate una scala a pioli, attorcigliata su se stessa. Ogni piolo laterale è a spirale e gira intorno all'altro. Gli elementi di base del DNA sono le basi azotate. Sono quattro: adenina, timina, citosina e guanina. Sono indicate con le loro iniziali: A, T, C e G. L'adenina si accoppia con la timina e la citosina con la guanina. A-T e C-G formano così tanti «pioli» sulla scala del DNA che i due «montanti» del DNA si uniscono.

A, T, C e G formano le lettere di un alfabeto che può essere utilizzato per scrivere frasi, paragrafi, pagine e tomi di un'enciclopedia genetica contenente le informazioni di cui abbiamo bisogno per vivere. Alcuni passaggi sono identici per tutti gli esseri umani, altri variano. Siamo tutti umani, ma siamo anche tutti diversi (tranne i gemelli identici).

I cromosomi sono costituiti da DNA e risiedono nel nucleo della cellula. Tuttavia, i mitocondri (centrali energetiche) al di fuori del nucleo, nel citoplasma, fanno eccezione e contengono frammenti di DNA noti come DNA mitocondriale (mtDNA). Mentre la metà dei cromosomi nel nucleo è costituita da DNA paterno e materno, il mtDNA proviene *esclusivamente dalla madre*. È la controparte femminile del cromosoma Y, che proviene *solo* dal *padre*, poiché solo gli uomini ne hanno uno.

Un'altra caratteristica di questo mtDNA è che è abbastanza abbondante nelle cellule, il che lo rende più facile da analizzare.

*

Il reliquiario di Vivant Denon, nel museo di Châteauroux, contiene una ciocca di capelli di Napoleone e non ci sono dubbi sulla sua autenticazione; è accompagnata da una lettera firmata da Napoleone. A Châteauroux ho trovato anche alcuni capelli di Letizia.

*

Quando due esseri umani si riproducono, ciascuno dà una copia dei propri cromosomi. Ma a volte si commettono degli errori che diventano ereditari. Questi errori sono noti come mutazioni. Una mutazione è definita come un cambiamento da una base all'altra in un punto preciso della molecola di DNA, ad esempio nella 2582a posizione nella direzione di lettura. Anche il mtDNA può mutare, così come il cromosoma Y.

Ma come funziona in pratica la PCR (o meglio la PCR)? La tecnica è stata sviluppata da Kary Mullis negli anni '80, per la quale ha ricevuto il premio Nobel nel 1993.

Il primo passo consiste nel separare i due filamenti di DNA riscaldandoli a una temperatura compresa tra 93 e 96°C. Successivamente, due «primer» vengono depositati su uno dei filamenti per indicare l'inizio e la fine del passaggio di DNA da copiare; per fare ciò, la temperatura viene abbassata a 55-65°C. Infine, vengono aggiunti i nucleotidi e la DNA polimerasi quando la temperatura viene portata a 72°C. Queste tre fasi costituiscono un ciclo, al termine del quale il numero di catene è raddoppiato. Dopo 20 cicli, teoricamente ci sono un milione di copie, perché il numero di copie aumenta in modo esponenziale. Ma poiché la resa di un ciclo non è del 100%, in pratica sono necessari da 35 a 40 cicli.

Questo processo è ora automatizzato per ottenere le variazioni di temperatura richieste il più rapidamente possibile. Un altro progresso è l'uso di una polimerasi scoperta in un batterio in grado di prosperare a temperature superiori a 90°C, per cui non è necessario aggiungere altra polimerasi alla miscela a ogni ciclo.

In passato era possibile solo stabilire se una sequenza di DNA fosse presente o assente. Oggi è possibile quantificarne la presenza.

Il timore numero 1 dei laboratori che trattano il DNA antico è la possibilità di contaminazione da parte di altro materiale biologico. Se un tecnico starnutisce sul campione o si gratta il cuoio capelluto, facendo cadere qualche cellula della pelle, c'è contaminazione ed errore.

Naturalmente sono state prese tutte le precauzioni necessarie, i cui dettagli sono riportati nel mio articolo del 2010[6]: guanti e maschere, punte di pipette irradiate, cappe sterili, ecc. I campioni sono stati studiati in laboratori separati, abituati a questo lavoro particolarmente delicato con il DNA antico.

*

Il frammento di mtDNA studiato si trovava tra le posizioni 15.991 e 16.390, una parte particolarmente variabile della sequenza genomica. Nel 1981, Anderson e i suoi colleghi di Cambridge hanno descritto le 16.569 basi che compongono l'mtDNA umano, in tre pagine scritte in modo stringato su una rivista scientifica. Se c'è un cambiamento rispetto alla sequenza di Anderson, si chiama mutazione.

Tuttavia, nella posizione 16184, *la citosina* nel mtDNA di Letizia, Napoleone e Carolina è stata sostituita da una *timina*:

16184 C->T

6. LUCOTTE Gérard, «Una rara variante della sequenza mtDNA HVS1 nei capelli della famiglia di Napoleone», *Investigative Genetics,* vol. 1, 2010, pagg. 1-5.

O, in termini più semplici:

16184 T

La Figura 1 (vedi appendice) mostra questa mutazione, come descritto nell'articolo originale. Ma questa mutazione è frequente o rara? Per prima cosa ho consultato il database del *Federal Bureau of Investigation*, che contiene quasi cinquemila sequenze di mtDNA utili nelle indagini di polizia: non compare (una frequenza - cioè l'inverso della percentuale - inferiore allo 0,02%)! In un altro database, *EMPOP*, solo tre individui su 4.775 presentavano la mutazione 16184C->T, con una frequenza dello 0,067%. La mia collega, la dottoressa Pala (in una comunicazione personale) mi ha assicurato di averla trovata in soli tre campioni: uno a Creta e due in Italia, sui 37.000 del suo database, con una frequenza di circa lo 0,008%[7].

Una mutazione è caratterizzata dalla sua frequenza. Più è rara, meno è probabile che si trovi casualmente in due campioni (deve trattarsi dello stesso individuo o di due genitori strettamente imparentati). La scoperta di questa stessa mutazione (presente in Letizia, Napoleone e Caroline) permetterà in futuro di identificare qualsiasi materiale biologico (pelle, capelli, ossa, tendini) come

7. *Op. cit.*

appartenente o meno a Napoleone, con una probabilità così alta da equivalere a una certezza virtuale. Avevo il fulcro, come diceva Archimede!

Ma per convalidare questo trasferimento, non era necessario avere l'autorizzazione ad accedere alla tomba di Les Invalides?

3. Il corpo di Napoleone si trova nell'Abbazia di Westminster?

Il 26 aprile 1821, a Sant'Elena, l'isola in cui Napoleone era stato esiliato dopo Waterloo, il generale Montholon, che era diventato il suo infermiere, entrò nella stanza di Napoleone morente alle quattro del mattino:

«L'Imperatore mi disse con notevole emozione: *"Ho appena visto la mia buona Giuseppina, ma non ha voluto baciarmi; si è allontanata proprio quando volevo prenderla tra le braccia. Era seduta lì, come se l'avessi vista il giorno prima. Non è cambiata affatto: è sempre la stessa, sempre devota a me. Mi ha detto che ci saremmo rivisti e che non ci saremmo mai lasciati. Mi ha assicurato che... L'hai vista?"* Mi guardai bene dal dirle qualcosa che potesse aumentare l'esaltazione febbrile che mi era fin troppo chiara. Gli feci bere la sua pozione, lo cambiai e si addormentò; ma quando si svegliò, mi parlò di nuovo di

Joséphine, e l'avrei impazientito inutilmente se gli avessi detto che era solo un sogno.»

Queste esperienze di fine vita sono frequenti e tranquillizzanti; non sono allucinazioni, anch'esse frequenti, ma meno elaborate e percepite come inquietanti o spaventose[8]. **Solo a questo punto** Napoleone cominciò a delirare.

Il 27 aprile, Napoleone dettò una lettera che Montholon avrebbe dovuto inviare a Lowe per annunciare la sua morte.

Il 28 aprile, l'imperatore ordinò al suo medico Antommarchi di effettuare un'autopsia dopo la sua morte, per esaminare a fondo il suo stomaco e fare un rapporto preciso al figlio, nel caso in cui avesse avuto un cancro ereditario allo stomaco. Nonostante la sua riluttanza, prese il soggiorno come camera da letto. Durante la notte, parlò tristemente con Montholon della morte di tutti gli uomini che aveva conosciuto, soprattutto Lannes, Crétin[9]... Parlava come un uomo che ha perso la memoria ed è diventato sordo.

Il 29 aprile, Montholon cercò di fargli firmare un ultimo documento. Ma Napoleone non poteva più vedere il Gran Maresciallo Bertrand davanti a sé. Bertrand, che qualche giorno prima aveva parlato molto duramente a Napoleone, pianse: «Voilà le grand Napoléon, miserabile, umile».

---

8. Fenwick Peter (Dr.), *When the end of life approaches*, horizonresearch.org, The Art of Dying, Continuum Books, 2008.
9. Ufficiale caduto nella battaglia di Aboukir.

Il 30 aprile, l'Imperatore era lucido e si svegliò gridando: «Ah! ah! la morte!» Disse a Montholon: «Amico mio, sono morto». Antommarchi pensò che stesse per morire, tra le dieci e le undici.

Ma il 1° maggio Napoleone era ancora vivo. Alle due del pomeriggio, la febbre si abbassò. L'abate Vignali, il suo cappellano, aveva preparato l'altare e aveva trascorso qualche momento da solo con l'imperatore per impartirgli l'estrema unzione. Tutti si ritirarono, lasciando Vignali da solo per raggiungere gli altri pochi istanti dopo nella stanza accanto.

Nelle sue *Mémoires,* Marchand colloca questo episodio il 3 maggio, il che è un errore. Bertrand lo colloca il 1° maggio e lo stesso Marchand, in una lettera allo Chevalier de Beauterne, parla del 1° maggio. La data del 1° maggio è anche più logica, poiché Napoleone era quasi morto il giorno prima. Secondo il valletto di camera Marchand, mezz'ora dopo l'abate uscì e gli disse: «All'imperatore è stata appena somministrata la comunione, lo stato del suo stomaco non permette nessun altro sacramento». A proposito della comunione, Ali e Marchand concordano nel raccontare l'intervento dell'abate Vignali, che era stato chiamato al capezzale dell'imperatore, ma Marchand precisa che l'abate «indossava un abito borghese e teneva sotto di sé qualcosa che cercava di nascondere e che io non ho cercato di indovinare, pensando che avesse appena

3. Il corpo di Napoleone si trova nell'Abbazia di Westminster?

compiuto un atto religioso». Vignali iniziò le preghiere delle Quarantore.

Il 2 maggio, Napoleone ripeté la raccomandazione di esaminare lo stomaco e di confrontare i risultati con il referto dell'autopsia del padre. Il medico e i due generali erano esausti. Nel cuore della notte, Napoleone volle alzarsi. Montholon e Vignali lo presero per un braccio. Poi Vignali lo lasciò, si inginocchiò e pregò. L'imperatore sospirò molto forte, con sforzo, e poi disse: «Mio Dio! Mio Dio! Mio Dio!». Antommarchi gli prese il polso e scoprì che era salito a 108 al minuto. Il paziente era probabilmente entrato in fibrillazione atriale.

Il 3 maggio si è registrato un miglioramento di breve durata.

*

Il 5 maggio, Vignali era presente con gli altri. I figli di Bertrand irrompono nella stanza. Non l'avevano riconosciuto! Alle 5.49 del pomeriggio, Napoleone morì. Il Gran Maresciallo Bertrand chiuse gli occhi. Alle 10, l'abate Vignali recitò alcune preghiere.

6 maggio: l'autopsia si svolge alle 14.00 davanti a diciassette persone. Durante questo tempo, l'abate Vignali era in ginocchio ai piedi dell'altare. Il tempo era pesante e caldo. Alle 4 di sera, Napoleone sembrava già più vecchio dei

suoi cinquantadue anni. Era stato vestito con l'uniforme di colonnello degli chasseurs della Guardia Imperiale, probabilmente con il Gran Cordone della Legione d'Onore in una fionda.

Il 7 maggio il corpo puzzava. Fu realizzata una maschera mortuaria, ma i lineamenti erano morbidi e poco attraenti, perché non era stato trovato subito il gesso necessario.

La bara è stata chiusa alle 7 di sera. Fu redatto un rapporto firmato da Bertrand, Montholon e Marchand. Ecco questo documento chiave, riprodotto dallo storico[10] Bruno Roy-Henry:

> *In questo giorno, il sette maggio milleottocentoventuno, a Longwood, sull'isola di Sant'Elena, il corpo dell'imperatore Napoleone, vestito con l'uniforme degli chasseurs de la garde, è stato deposto in una bara di latta [...].*
> *Questa prima bara, dopo essere stata saldata in nostra presenza, è stata posta in un'altra bara di piombo, che, anch'essa saldata, è stata racchiusa in una terza bara di mogano.*

10. Roy-Henry Bruno, *Napoléon, l'énigme de l'exhumé de Sainte-Hélène*, L'Archipel, 2003.

L'esistenza di queste tre bare è attestata dal marchese di Montchenu, commissario di Luigi XVIII, e dal governatore dell'isola, Hudson Lowe. Tre bare: peltro, piombo e mogano.

Nella prima bara c'erano il suo cappello, posto ai suoi piedi, e due vasi contenenti rispettivamente il suo cuore e il suo stomaco.

Il 9 maggio, la bara fu deposta in pompa magna nella Vallée des Géraniums, vicino a una sorgente di cui Napoleone aveva apprezzato l'acqua durante una cavalcata. Furono prese tutte le misure necessarie per proteggere la bara dall'umidità. L'enorme pietra che chiudeva la volta fu sigillata con del cemento.

Il 27 marzo, Napoleone aveva detto a Bertrand: «L'unica cosa da temere è che gli inglesi vogliano tenere il mio cadavere e metterlo a Westminster». Il 13 aprile ribadì: «Ho appena scritto al Principe Reggente per chiedergli di non tenere le mie ceneri a Londra».

*

Il re Luigi Filippo, che aveva giudicato severamente Napoleone in gioventù, accettò, in seguito a intrighi del suo entourage che sarebbe troppo lungo raccontare, di far tornare le ceneri di Napoleone in Francia. Annunciò la sua decisione il giorno del suo compleanno, il 1° maggio 1840.

Poiché la missione era diplomaticamente più delicata di quanto sembrasse, fu assistito dal figlio di Luigi Filippo, il principe di Joinville, un ufficiale di marina al comando di *La Belle-Poule*, il conte Philippe de Rohan-Chabot, la cui nonna era Lady Fitzgerald, che gli fornì molte alleanze e connessioni oltremanica.

La missione era delicata per due motivi.

1. I francesi volevano verificare l'identità del corpo che sarebbe stato loro consegnato, cosa che avrebbe potuto scontentare gli inglesi, motivo per cui la spedizione partì con i testimoni superstiti della prigionia di Napoleone, in particolare Bertrand, Gourgaud, Las Cases fils e Marchand. Era probabile che la decomposizione del corpo avesse lasciato solo uno scheletro e che molti dettagli dell'abbigliamento, ricordati solo dagli amici intimi, dovessero essere verificati.

2. Le relazioni diplomatiche tra Francia e Inghilterra erano diventate tese perché Mehmet Ali, alleato della Francia, voleva proclamare l'indipendenza dell'Egitto dall'Impero Ottomano, cosa che Londra rifiutò con il sostegno della Russia. In Francia l'opinione era incline al guerrafondaio. Cosa sarebbe successo se la voce, che cominciava a diffondersi, che il corpo di Napoleone era stato trafugato dagli inglesi, fosse stata confermata dal ritrovamento di un corpo diverso da quello

dell'Imperatore? Potrebbe scoppiare una guerra a cui la Francia non è preparata?

Sono successe diverse cose curiose.

1. *La Belle-Poule* salpò da Tolone il 7 luglio 1840 e sbarcò solo l'8 ottobre. *L'Oreste* fu inviato a raggiungere *La Belle-Poule*, con il pretesto di portarle un pilota e più probabilmente per consegnare una lettera segreta al Principe di Joinville.

2. Sir Middlemore, governatore di Sant'Elena, non aveva preso alcuna disposizione per l'esumazione e l'identificazione del corpo. Rifiutò l'aiuto delle truppe francesi. L'Inghilterra aveva qualcosa da nascondere?

3. Il Principe di Joinville confinò rigorosamente le sue truppe a bordo. Una punizione severa per uomini che non erano stati a terra per più di tre mesi! Lui stesso rimase a bordo della fregata. Cosa c'era da temere, quando Chabot aveva brindato all'»unione indissolubile di Francia e Inghilterra»? Il guardiamarina Pujol, che voleva raccontare l'evento, era furioso. Tutti i disegni e le fotografie erano stati vietati. Tuttavia, erano stati previsti un dagherrotipo e un gran numero di lastre. Erano inutili. Il disegnatore Henri Durand-Brager, che doveva disegnare le scene più importanti, fu tenuto a bordo come gli altri. Rohan-Chabot scrisse a Thiers il 28 ottobre: «conformemente ai vostri ordini, nessun'altra persona (oltre a quelle

autorizzate) è stata introdotta a nome della Francia nel recinto riservato intorno alla tomba». I francesi avevano paura di scoprire qualcosa?

*

A mezzanotte del 15 ottobre 1840, diciotto francesi si riunirono per la cerimonia. Erano presenti l'operaio che aveva saldato le bare di stagno e piombo nel 1821 e Andrew Darling, che aveva realizzato la bara di mogano. Dopo nove ore di lavoro sotto la pioggia, la volta fu aperta. Il chirurgo navale Guillard si tuffò nel sepolcro e lo purificò con il cloro. Era presente un sacerdote, l'Abbé Coquereau, che consacrò il luogo con l'acqua santa. Joinville fu informato da un biglietto. Ecco cosa gli scrisse Rohan-Chabot:

> *Non riesco a sbloccare la serratura della bara d'ebano [...]. I soldati segano il lato della cassa di mogano [...]. Rimuovono la bara di piombo e la mettono nel sarcofago di ebano [...]. Restano da aprire tre casse: una di piombo, una di legno e una di stagno [...]. La saldatura della bara viene lentamente tagliata via e il coperchio viene sollevato con cura [...]. Il medico solleva [il raso imbottito] e scopre il corpo di Napoleone...*

3. Il corpo di Napoleone si trova nell'Abbazia di Westminster?

Da dove proviene questa quarta bara di legno, incastrata tra il piombo e lo stagno?

*

Inoltre, il corpo è intatto. Come può un corpo rimanere intatto per vent'anni in un clima tropicale? Se non un miracolo, almeno un enigma.

*

Il giornalista e collezionista Georges Rétif de la Bretonne[11] ha presentato una tesi completa sulla sostituzione del corpo di Napoleone da parte degli inglesi.

Rétif spiegò innanzitutto che i francesi avevano sostituito la maschera mortuaria di Napoleone con quella di Cipriani, il suo maggiordomo, morto nel 1818, perché i lineamenti dell'Imperatore erano troppo alterati e rischiavano di dare ai posteri una cattiva immagine di lui. Gli inglesi ne vennero a conoscenza e notarono che non solo la maschera, ma anche il corpo di Cipriani poteva passare per quello di Napoleone. Sostituirono il corpo dell'uno con quello dell'altro e inviarono il corpo

---

11. Rétif de la Bretonne Georges, *Anglais, rendez-nous Napoléon... Napoléon n'est pas aux Invalides,* Jérôme Martineau, 1969.

di Napoleone in Inghilterra, dove l'orribile e necrofago re Giorgio IV ne fece la sua gioia.

Nel 1840, i testimoni, debitamente avvertiti da Joinville del rischio di complicazioni diplomatiche e paralizzati dalla prospettiva di veder svelato il loro storico inganno della maschera, finsero di riconoscere Napoleone e tacquero, anche se non avevano riconosciuto il corpo dell'Imperatore nei pochi minuti necessari per identificarlo.

Cipriani era probabilmente una delle spie di Napoleone, che divenne un doppiogiochista ed entrò al servizio degli inglesi. Quando il suo doppio gioco fu scoperto, si suicidò con l'arsenico nel 1818. Il suo corpo fu vestito con gli abiti di Napoleone, mentre il corpo di Napoleone fu inviato a Westminster.

Un fatto inquietante: il regista Terence Young, autore dei primi film di *James Bond* e pronipote del sergente John Young, che fece la guardia alla tomba di Napoleone a Sant'Elena, una volta confidò a Rétif che sua nonna, mostrandogli Westminster, gli aveva detto che il corpo di Napoleone giaceva sotto i suoi piedi.

Era facile convincere Rétif della falsità della teoria della sostituzione: bastava trovare il corpo di Cipriani. Ma quando Gilbert Martineau, il console francese, lo cercò nel cimitero di Jamestown, la sua tomba era scomparsa!

*

Per porre fine alle speculazioni una volta per tutte, una conclusione sembrava ovvia: aprire la tomba di Les Invalides ed effettuare analisi genetiche. Gli storici Lentz e Macé si sono indignati di fronte a questa prospettiva, concludendo nel 2009: «La tesi della sostituzione poggia interamente su una lettura distorta o incompleta delle fonti e sull'immaginazione dei suoi creatori [...] la tomba di Napoleone non è quella di una persona comune». Anche parlando di profanazione ingiustificata[12].

*

Il mio amico, lo storico Roy-Henry, ha scoperto che un frammento di pelle dell'imperatore era un tempo esposto nella vetrina dedicata al *Retour des Cendres (Ritorno dalle ceneri)* della Salle Bugeaud, riferimento 05673, con la dicitura «Frammento di epidermide staccata dal volto dell'imperatore».

Con Jacques Macé, che avevo conosciuto in occasione del famoso incontro all'Hotel Lutetia, venni a sapere che questo frammento di pelle era stato prelevato dal dottor Guillard. Infatti, quando Guillard aveva aperto la bara e arrotolato la garza che copriva il corpo, aveva prelevato di

12. LENTZ Thierry, MACÉ Jacques, *La mort de Napoléon, mythes, légendes et mystères*, Perrin, 2009, p. 215.

nascosto un frammento di pelle dell'Imperatore, lo aveva portato a Parigi e lo aveva inserito in un medaglione. Questo frammento non era più esposto a Les Invalides, ma si trovava nelle riserve del Musée de l'Armée a Satory. Napoleone III lo aveva regalato al suo scudiero Firmin Rainbeaux e uno dei discendenti di Rainbeaux lo ha donato al Musée de l'Armée nel 1936.

*

Satory è un quartiere di Versailles dove hanno sede diverse organizzazioni militari, tra cui un campo militare. Qui furono fucilati molti comunardi, tra cui Louis Rossel, e Louise Michel fu imprigionata. Vi è anche il ricordo di Clément Ader che, nel 1897, fu il primo a decollare con un aereo «più pesante dell'aria». Alcune scene del film *L'armée des ombres* sono state girate al poligono. Insomma, Satory ha un lato un po' sinistro. Il generale Bresse e il signor Guillet, rispettivamente direttore militare e civile del Musée des Armées, ci hanno autorizzato a *esaminare* questo frammento di pelle, così mi ci sono recato per la prima volta, accompagnato da Jacques Macé. Il frammento era contenuto in un medaglione d'oro e vetro a 18 carati, con una chiusura a bottone che mi sono assicurato fosse ancora funzionante. La Figura 2 (vedi appendice) mostra il fronte e il retro del medaglione.

3. Il corpo di Napoleone si trova nell'Abbazia di Westminster?

In questo medaglione ho trovato tracce di silice e calcio, allumina e silicato di alluminio, oltre a colla animale. Tutta questa polvere può essere facilmente raccolta con del nastro adesivo (*scotch-tape*). Devi sapere, caro lettore, che l'allumina e il silicato di alluminio sono tipici della lava dell'isola vulcanica di Sant'Elena.

Macé ha scattato molte foto; la scrittura sull'etichetta era simile a quella lasciata negli archivi dello Château de Vincennes dal dottor Guillard: stesso modo di scrivere le *d* e le *r*.

Sembrava tutto molto promettente.

*

Decisi di tornare al museo da solo, con la ferma intenzione di svelare il mistero. Come la prima volta, sono stata accompagnata in una stanza e lasciata sola. Come nella prima occasione, le persone con cui ho parlato sembravano essere state reclutate tra il personale piuttosto che tra i dirigenti.

Avevo con me un paio di guanti sterili, un forcipe e una lama. Aprii il medaglione. Il frammento era appoggiato su un pezzo di onice. Senza tremare, tagliai due piccoli frammenti sul bordo del pezzo anatomico e prelevai due campioni di polvere. Non appena chiusi il medaglione, una giovane donna nera, alta e snella, in uniforme, irruppe nella stanza con aria sospettosa. Evidentemente aveva ricevuto dai suoi superiori l'ordine di fare attenzione all'ultimo minuto e mi chiese se avevo prelevato dei campioni. Quando rispose che li avevo presi, mi esortò a restituirglieli. Senza opporre resistenza, le diedi uno dei due *scotch-tape*, mentre gli altri preziosi campioni erano rimasti in fondo alla mia borsa.

Il resto del colloquio è stato piuttosto freddo. Me ne andai senza chiedere il mio riposo. Proprio mentre me ne stavo andando, una sirena d'allarme ha squarciato l'aria. Per un attimo ho pensato che mi avrebbero perquisito e rinchiuso in una cella di sicurezza militare. La professoressa Lucotte sarebbe stata fucilata sul fronte delle truppe davanti alla statua di Napoleone nel mezzo del cortile degli Invalides? Fortunatamente non era così...

A chi mi critica per averlo fatto, rispondo che avevo il permesso di *esaminare* il frammento di pelle. Secondo la definizione del CNRTL (Centre National de Ressources Textuelles et Lexicales creato nel 2005 dal CNRS), *esaminare* è «esaminare qualcosa con attenzione, a lungo, con cura, con attenzione, con metodo, in dettaglio, da vicino, da ogni angolo, sotto ogni aspetto, con una lente di ingrandimento, al microscopio». Il medico studia con gli occhi, ma anche con il microscopio e preleva campioni dal corpo del paziente. Così ho fatto quello che avevano fatto i miei predecessori, il dottor Antommarchi e il dottor Guillard:

3. Il corpo di Napoleone si trova nell'Abbazia di Westminster?

ho preso un campione e l'ho studiato attentamente e meticolosamente.

*

Avevo già la formula del DNA mitocondriale di Napoleone. È stato semplice identificare il frammento di pelle: si trattava proprio dell'imperatore Napoleone Bonaparte[13]. Napoleone dorme l'ultima volta sotto la cupola degli Invalides, accanto al figlio, il duca di Reichstadt, all'amico Bertrand e al maresciallo de Turenne, che lui stesso aveva ammesso.

Thierry Lentz avrà aggiunto un altro episodio alla sua «cronaca brontolona», ma io avevo agito per scoprire la verità storica e la genetica aveva ottenuto una delle sue più grandi vittorie. Non ho ricevuto alcun commento dal museo o dall'esercito. Se avessi dimostrato che il corpo di Napoleone si trovava a Westminster, avrei disonorato gli Invalides e provocato uno scandalo internazionale; sarei stato condannato all'oblio, ma poiché Napoleone si trovava davvero sulle rive della Senna, «in mezzo al popolo che aveva tanto amato», l'esercito tirò un sospiro di sollievo.

---

13. LUCOTTE Gérard, THOMASSET Thierry, BORENSZTAJN Stephen, «Il medaglione del dottor Rémy Guillard (1799-1869) contiene l'epidermide di Napoleone I», *International Journal of Sciences*, vol. 10 (11), novembre 2021.

Credo di essermi meritato anche una medaglia. Cosa aspetta il Ministro della Difesa?

*

Ma come spiegare l'abbaglio delle quattro bare? Andrew Darling, nel suo diario, riferisce di aver ordinato quattro bare con l'aiuto del capitano Bennett, che sacrificò il tavolo di mogano della sua sala da pranzo: «L'insieme doveva consistere in 1° una bara di latta rivestita di raso, 2° una bara di legno, 3° una bara di piombo, poi 4° un'altra bara di mogano, che fu realizzata».

Darroch conferma: «Il primo è di stagno, il secondo di mogano, il terzo di piombo e il quarto di mogano».

Anche Marchand, nelle sue *Mémoires*, cita quattro bare.

Antommarchi, nel 1825, confermò le quattro bare: stagno, mogano, piombo e mogano.

La bara di latta era ben stretta in quella di legno, e le due cose sembravano un tutt'uno. Chi non ha visto nulla da vicino e parla senza sapere, ricorda solo i tre materiali utilizzati: stagno, piombo e mogano. Per questo alcuni hanno parlato di tre bare.

4. Napoleone fu avvelenato?

Se Napoleone morì davvero di cancro, come sostengono gli inglesi, perché era ancora così grasso alla fine della sua vita? Il dottor Alessandro Lugli, dell'Istituto di Patologia dell'Università di Basilea, ha misurato il girovita di 12 paia di pantaloni indossati da Napoleone Bonaparte tra il 1800 e il 1821: egli ingrassò tra i 67 e i 90 kg tra il 1800 e il 1820 per un'altezza di 1,67 m, e perse ancora 11 kg nell'anno della sua morte, arrivando a pesare 79 kg, cioè circa 15 kg in sovrappeso. Napoleone non morì cachettico, come di solito fanno i malati di cancro alla fine della loro vita. Quindi cosa aveva?

Napoleone e il veleno era un tema ricorrente nella vita del nostro eroe! A proposito di avvelenamento, se dobbiamo credere allo storico G. Lenôtre, il giovane Napoleone sarebbe stato avvelenato da una donna gelosa in gioventù.

Nel 1814 tentò anche il suicidio con il veleno. Infatti, nella notte tra l'11 e il 12 aprile 1814, prese dal suo corredo una bustina, presente dalla ritirata di Russia, contenente una sostanza che avrebbe dovuto rendere la morte istantanea: la usò, ma o aveva perso la sua forza o il suo stomaco si era convulso troppo presto, la restituì tutta e l'effetto che si aspettava fallì. Alle 11 di sera mandò a chiamare il Duca di Bassano, il Duca di Vicenza, il Conte di Turenne e il Conte Bertrand, raccontò loro il tentativo fatto e disse a se stesso: «Dio non vuole questo»[14].

Ripeterà in seguito: «Dio non voleva che morissi di nuovo. Sant'Elena era nel mio destino»[15].

Ma il 28 o 29 giugno 1815 ci stava ancora pensando, come testimonia il suo valletto Marchand: «Mi diede una bottiglietta, lunga quindici righe e larga quattro o cinque, contenente un liquore rosso, raccomandandomi di non farla vedere a nessuno e aggiungendo: *Assicurati di averla con te*». E quando si rese conto della profonda angoscia della mia anima, mi mise una mano sulla guancia»[16].

*

In Svezia, un'indagine storica completata nel 1958 ha dimostrato che il re Erik XIV era stato avvelenato con l'arsenico dal fratello Giovanni nel 1577. Forshufvud, uno

14. Marchand Louis Joseph, *Mémoires*, tome I, Tallandier, 1991, pag. 20.
15. Montholon, *Napoléon à Sainte-Hélène*, tomo 9, p. 594.
16. Marchand Louis Joseph, *op. cit.* p. 187.

stomatologo svedese di Göteborg, ottenne un capello dal cranio imperiale rasato il giorno dopo la sua morte e fece misurare l'arsenico: il livello era dieci volte superiore a quello considerato normale oggi.

Nel 1961, lo stesso dottor Sten Forshufvud[17] scrisse un resoconto di un'inchiesta giudiziaria sulla morte di Napoleone, pubblicato da Plon. Forshufvud, che parlava il francese dopo aver studiato a Bordeaux ed era appassionato di storia del Primo Impero, aveva letto *le Mémoires* di Marchand appena apparse nel 1955. Queste *Memorie* fornivano precisi dettagli medici sulla morte di Napoleone, che egli interpretò come segni di avvelenamento da arsenico.

Ben Weider, un uomo d'affari canadese che ha fatto fortuna vendendo integratori alimentari per culturisti, è stato l'inventore di Arnold Schwarzenegger e un comunicatore virtuoso. Presidente del Montreal Napoleonic Souvenir e poi di una società napoleonica internazionale, incontrò Forshufvud negli anni Settanta.

In Francia, un altro «teorico della cospirazione», René Maury, ha ripreso la teoria dell'avvelenamento[18] nel 1994, poi in altri due libri, l'ultimo dei quali scritto da un discendente del generale de Montholon.

---

17. FORSHUFVUD Sten, *Napoleone è stato avvelenato? Une enquête judiciaire*, Parigi, Plon, 1961.
18. MAURY René, *L'assassino di Napoleone o il mistero di Sainte-Hélène*, Parigi, Albin Michel, 1994.

Ma chi aveva ordinato l'avvelenamento? Gli inglesi, il Comte d'Artois (fratello di Luigi XVIII e futuro re Carlo X)? O Montholon di sua iniziativa?

Ai sostenitori dell'avvelenamento, Montholon appariva come il sospetto numero 1. Aveva la chiave della cantina, vedeva l'Imperatore ogni giorno, si era dimostrato un marito comprensivo ed era indicato come beneficiario di due milioni di franchi nel testamento di Napoleone. Inoltre, l'arsenico era ampiamente utilizzato come veleno per topi sull'isola infestata dai roditori.

Ben Weider ordinò un nuovo dosaggio di arsenico al laboratorio dell'FBI. Nel giugno 2001, ha lanciato una grande campagna stampa sul suo ultimo libro sull'argomento. Chiese anche al dottor Pascal Kintz, professore di medicina legale presso l'Istituto di medicina legale di Strasburgo e presidente della Società francese di tossicologia, di verificare le sue misurazioni con un altro metodo: la fisica nucleare.

In che modo la fisica può aiutare la chimica? Un bombardamento di neutroni eccita gli elettroni che orbitano intorno a un atomo. Gli elettroni cambiano orbita allontanandosi dal nucleo, poi tornano all'orbita iniziale, emettendo una radiazione che, in termini di lunghezza d'onda, è caratteristica dell'elemento bombardato. In seguito a questo studio, Kintz affermò che l'arsenico presente nei capelli di Napoleone :

- era di origine minerale (in altre parole, non proveniva da prodotti biologici);
- che si fissava nel *midollo* (il centro) del capello, dimostrando che era stato integrato dall'arsenico circolante nel sangue.

Era un forte argomento a favore dell'intossicazione, se non dell'avvelenamento! I lettori conosceranno bene la differenza tra l'intossicazione, che è involontaria, e l'avvelenamento, che è volontario e presuppone un piano criminale[19].

*

Va inoltre ricordato che il consenso attuale *è che la concentrazione normale di* arsenico è di 1 ng di arsenico/mg di capelli. Tra gli anni '60 e il 2000 sono stati condotti numerosi test con vari metodi su capelli prelevati nel 1821: i risultati variavano da 4,9 a 38,5 ng/mg. Come negare allora che Napoleone sia stato lentamente avvelenato da Montholon, geloso della relazione di Napoleone con la contessa di Montholon, per mettere le mani sulla fortuna che sapeva avrebbe ereditato più rapidamente, con la probabile complicità degli inglesi e persino dei Borboni!

---

19. KINTZ Pascal, «Une nouvelle série d'analyse des cheveux de Napoléon confirme une exposition chronique à l'arsenic», *Annales de Toxicologie Analytique*, vol. XIII, n. 4, 2001, pagg. 243-246.

*

Avevo riletto attentamente il lavoro dei miei predecessori. Un fatto spiccava: i capelli di Napoleone contenevano grandi quantità di arsenico già prima del suo soggiorno a Sant'Elena! Ad esempio, 33,4 ng/mg nel 1814, secondo lo studio del 2004 di Lin e colleghi. Montholon deve aver iniziato il suo tentativo di avvelenamento molto presto!

Inoltre, per rimuovere l'arsenico dalla superficie dei capelli, che difficilmente proviene dal flusso sanguigno, i capelli analizzati sono stati accuratamente lavati più volte con acetone e acqua pura. Tuttavia, se si misura l'arsenico nella soluzione di decontaminazione, si scopre che è presente in quantità trascurabili, il che significa che queste soluzioni di decontaminazione hanno un'efficacia limitata e che gran parte dell'arsenico esterno è rimasto sulla superficie dei capelli[20]. Infine, l'osservazione medica (la *clinica*) non permette a Napoleone di riconoscere i segni specifici dell'intossicazione da arsenico: neuropatia periferica, dermatite esfoliativa dei palmi e delle suole, cheratoderma, melanoderma, banda di Mess sulle unghie, ecc.

---

20. STROGI Krystyna, «L'analisi del capello per il monitoraggio dell'inquinamento ambientale e la conseguente esposizione umana ai metalli in traccia: una panoramica», *Environnement, Risques & Santé*, vol. 5, 2006, pag. 391-4045.

*

Avevo tre capelli di Napoleone dal reliquiario di Vivant Denon. Probabilmente erano stati presi da Marchand nel 1821 per farne dei «cestini», come richiesto dall'Imperatore: in altre parole, collane, anelli, bracciali o fedi che i membri della sua famiglia avrebbero indossato.

Ancora una volta ho usato il microscopio elettronico e ho fatto le seguenti osservazioni, in particolare sui capelli che erano stati usati per estrarre il DNA mitocondriale[21]:

1. i capelli sono lisci, castano chiaro e molto fini, il che corrisponde alle testimonianze;
2. Venivano puliti con i detergenti usati all'epoca (soda e sapone nero) e poi decorati (con oro e argento);
3. Su un capello si trova un granello di polline di un tipo di cardo presente sull'isola;
4. è presente un grano minerale (contenente cesio, lantanio, neodimio e samario), che indica la vicinanza di un suolo vulcanico;
5. un piccolo frammento metallico della lama del rasoio ha una composizione tipica del ferro proveniente dalle fucine dell'inizio del XIX secolo.

21. LUCOTTE Gérard, «Napoléon empoisonné? La fin d'une énigme», *Napoléon 1er*, febbraio, marzo, aprile 2013.

*

Che cosa ha mostrato il microscopio elettronico a scansione accoppiato alla microfluorescenza a raggi X? Questa tecnica rileva solo l'arsenico al di sopra di 1 ng/mg.

La Figura 3 (vedi appendice) mostra le viste al microscopio elettronico a scansione dei capelli di Napoleone e di sua madre, insieme agli spettri EDX in entrambi i casi.

Uno dei capelli è stato diviso nel senso della lunghezza. L'analisi è iniziata in questo preciso punto. Gli elementi sono stati visualizzati in una serie di picchi, più o meno alti a seconda della quantità di ciascun elemento, e questa serie di picchi ha mostrato la presenza di carbonio, ossigeno e zolfo. Lo zolfo proviene dalla cheratina dei capelli. *Non sono stati rilevati picchi per l'arsenico*. Risultati identici sono stati ottenuti in altri 59 punti del capello.

Ho poi tagliato i capelli trasversalmente con una lametta e le analisi sono state ripetute su ogni sezione trasversale: 117 volte. Non c'è la minima traccia di arsenico nei capelli di Napoleone. È qui che questo elemento passa dal sangue al canale midollare centrale del capello e poi in tutto l'interno.

Poiché avevo anche i capelli di Madame Mère, Letizia, la madre di Napoleone, ho ripetuto l'esame con lo stesso metodo. C'era un picco elevato di arsenico sulla superficie dei capelli, visibile come cristalli, colate o polvere. Anche all'interno del capello, lo spettro mostrava un picco elevato di questa sostanza. Si tratta di un dato importante, che dimostra come l'*arsenico proveniente dall'esterno del capello possa penetrarvi nel tempo.*

Come ho scritto nella rivista *Napoléon I* e in dettaglio al 3° Colloquio Internazionale di Patografia nel 2009[22], questo spiega anche perché c'è arsenico nei capelli di Napoleone. Utilizzando una tecnologia nota come *Nano-SIMS,* Kintz aveva infatti dimostrato che la parte centrale dei capelli del lotto «Abbé Vignali» prelevati il 6 maggio 1821 presentava un'elevata positività all'arsenico; aveva erroneamente dedotto che ciò indicava che la sostanza tossica era passata nel flusso sanguigno generale.

A questo punto, il lettore si chiederà perché il mio studio non mostra alcuna presenza di arsenico nei capelli di Napoleone, mentre tutti gli altri studi lo rilevano, a volte anche in date in cui Napoleone era ancora un generale.

*

Ecco la soluzione dell'indovinello. Esistono due categorie di capelli tagliati da Napoleone dopo la sua morte.

---

22. LUCOTTE Gérard, «Pas d'arsenic sur et dans les cheveux de Napoléon», 3rd International Pathography Symposium, aprile 2009, p. 259-276.

1. La maggior parte degli stoppini sono stati trattati **con arsenico** per conservarli, dopo essere stati lavati e disposti armoniosamente sotto vetro.

2. Tuttavia, i capelli prelevati da Marchand per realizzare i «cesti» erano destinati a essere indossati sulla pelle: venivano conservati con solfato di rame**, evitando l'arsenico**, la cui tossicità era già ben nota.

Quindi nessun avvelenamento da arsenico. Né, a dire il vero, c'era un vero e proprio movente. Montholon era certamente desideroso di lasciare l'isola, ma nel 1819-1820 nessuno si faceva più illusioni sull'imminente scomparsa dell'Imperatore. Hudson Lowe era soddisfatto della sua posizione e dello stipendio che ne derivava. E Lord Bathurst aveva una carta in mano... se i Borboni fossero diventati una seccatura.

5. Il corpo di Napoleone era incorruttibile?

Riavvolgiamo il filmato dell'identificazione del corpo da parte di Joinville e dei suoi colleghi. Secondo Gourgaud[23]:

> *Le dita dei piedi erano bianche, e sembra che fossero uscite dalle punte degli stivali, le cui cuciture erano probabilmente marcite... Il medico riconobbe tra i piedi i vasi d'argento che vi erano stati posti.* (Saint-Denis è più preciso: «il cuore in una casseruola d'argento e lo stomaco in un timballo o scatola di spugna rotonda del corredo dell'imperatore»). *Il medico toccò le mani, che sembravano a posto, anche se un po' gonfie. La testa, ad eccezione del naso che sembrava essere*

23. Gourgaud Gaspard, *Le retour des cendres de l'empereur Napoléon*, Arléa, 2003, p. 49.

stato compresso dalla parte superiore della bara, era in perfette condizioni, solo un po' gonfia. Ma questo alterava solo leggermente i suoi lineamenti, e sarebbe bastato aver visto l'Imperatore una sola volta per riconoscerlo in quel momento. Il medico toccò leggermente la carne della testa e dichiarò che era mummificata.

La stearina è un acido grasso un tempo derivato dal grasso animale, ma oggi estratto dall'olio di palma, con temperature di rammollimento e fusione simili e un aspetto bianco crema. Se aggiunta alla cera, la stearina aiuta le candele a bruciare più a lungo, le rende più facili da modellare e ne impedisce la rottura. La stearina può persino sostituire la cera. L'aspetto stearico a cui si riferisce Guillard ricorda quindi la cera delle candele.

Il 15 ottobre 1840, il valletto Marchand, che faceva parte della spedizione *Belle Poule* che riportò in Francia le spoglie di Napoleone, testimoniò:

Il dottor Guillard, dalla fregata, che non aveva omesso nessuna delle precauzioni relative alla riesumazione, prese (il copricapo) verso i piedi e lo arrotolò religiosamente fino alla testa, rivelando ai nostri occhi stupiti il corpo perfettamente conservato dell'Imperatore.

Ecco il rapporto del dottor Guillard:

Quando la volta fu aperta, vi scesi: in fondo c'era la bara dell'imperatore, appoggiata su una grande lastra, a sua volta sostenuta da montanti di pietra. Le pareti della volta non presentavano la minima traccia di umidità... La cassa esterna era chiusa da lunghe viti, che dovevano essere tagliate per rimuovere il coperchio, sotto c'era un'altra cassa di piombo, chiusa su tutti i lati, che racchiudeva un'altra cassa di mogano perfettamente intatta, e infine una quarta cassa di latta, il cui coperchio era saldato alle pareti... Gli arti superiori erano distesi, l'avambraccio e la mano sinistra appoggiati sulla coscia corrispondente, gli arti inferiori leggermente piegati; la testa era leggermente sollevata, appoggiata su un cuscino, il cranio voluminoso, la fronte alta e larga, ricoperta di tegumenti giallastri, duri e molto aderenti; tale era anche il contorno delle orbite oculari, il cui bordo superiore era foderato di sopracciglia. Sotto le palpebre si trovavano i bulbi oculari, che avevano perso poco del loro volume e della loro forma; queste palpebre, completamente chiuse, aderivano alle parti sottostanti ed erano dure sotto la pressione delle dita, alcune ciglia potevano ancora essere viste sul loro bordo libero; le ossa del naso e i tegumenti che le ricoprivano erano ben conservati, solo i lobi e le ali avevano sofferto.

Le guance erano gonfie e la pelle di questa parte del viso si distingueva per il suo tocco morbido, elastico e bianco; il mento era leggermente bluastro; questa tonalità era presa in prestito dalla barba, che sembrava essere cresciuta dopo la morte; per quanto riguarda il mento stesso, era inalterato e conservava ancora il tipo di viso tipico di Napoleone; le labbra sottili erano divaricate e tre denti incisivi bianchissimi erano visibili sotto il labbro superiore, che era leggermente sollevato a sinistra.

Le mani non lasciavano nulla a desiderare; in nessun punto c'era la minima alterazione. Se le articolazioni avevano perso il loro movimento, la pelle sembrava aver conservato quel colore primitivo che appartiene solo alla vita. Le dita avevano unghie lunghe, appiccicose e bianchissime. Le gambe erano racchiuse negli stivali, ma le ultime quattro dita sporgevano da entrambi i lati perché i fili si erano rotti. La pelle di queste dita era bianca opaca e coperta di unghie. La regione anteriore del torace era gravemente depressa al centro e le ***pareti del ventre erano dure e cadenti****.* *Gli arti sembravano aver mantenuto la loro forma sotto i vestiti che li coprivano; ho stretto il braccio sinistro, era duro e si era ristretto.*

Ora è la volta del mamelucco Ali:

La prima bara è intatta, ma umida e addirittura bagnata sul fondo... Togliendo il coperchio si vede la bara di latta, quasi completamente ossidata, cioè rosso ruggine... Avremmo voluto avere i due vasi contenenti il cuore e lo stomaco, ma poiché questi oggetti si trovano sotto le gambe e dovrebbero essere rimossi disturbando le gambe, che naturalmente soffrirebbero per lo spostamento, preferiamo lasciare le cose come stanno... In generale, il corpo si trova in uno stato di conservazione che non ci aspettavamo.

Emmanuel de Las Cases :

[...] *Le sue due mani in particolare sembravano appartenere a qualcuno che ancora respirava, tanto erano vividi il tono e il colore; una di esse, la sinistra, era un po' più alta della destra, il Gran Maresciallo, mentre la bara veniva chiusa, l'aveva baciata e non era riuscito a riportarla nella sua posizione originale... Come un uomo morto il giorno prima, trovammo il corpo dell'Imperatore. Cosa aveva fatto la morte per vent'anni? Per vent'anni la morte aveva rispettato i suoi resti.*

Janisch, segretario ufficiale di Hudson Lowe:

Era in ottime condizioni e sembrava essersi conservato quasi miracolosamente... l'aspetto dell'intero corpo era quello di una persona appena sepolta.

*

Dieci testimoni presenti nel 1821 videro Napoleone sul letto di morte e, nel 1840, lo riconobbero: il generale Bertrand e suo figlio Arthur, i domestici Marchand, Saint-Denis dit Ali, Pierron, Archambault e Noverraz, gli inglesi Seale, suocero di Janish, e Andrew Darling, e Hodson, soprannominato Hercules. Da notare che la base della prima bara era immersa nell'acqua e che l'ultima bara di latta era ossidata. Non dimentichiamo questi dettagli.

*

Dopo la morte, la pelle del cadavere diventa livida, prima nella regione cervicale e poi ovunque, entro uno o due giorni. La rigidità appare dopo 6 ore e scompare entro 48 ore. Quando il cadavere inizia a putrefarsi, i batteri anaerobi trasformano le proteine in putrescina e cadaverina. Il viso diventa gonfio, si formano e poi scoppiano i fillociti sottocutanei, il corpo diventa verde, la testa nera e cadono i capelli, le unghie e i peli del corpo. Quattro o cinque anni dopo la morte, le parti molli sono completamente scomparse.

Le buone condizioni del corpo di Napoleone sono sorprendenti. L'assenza di lesioni cutanee, in particolare sulle mani, è un mistero. Il professor George Bishopric[24], che insegna anatomopatologia presso la scuola privata di medicina di Miami, ha risposto alle nostre domande su questo punto scrivendo nel 2021: *Qui in Florida, a una temperatura di 90°F (33° Celsius), in sei mesi il corpo è ridotto a uno scheletro. Con le temperature un po' più fresche di Sant'Elena e le bare ermeticamente chiuse, immagino che il corpo di Napoleone si sia conservato un po' meno male. Ma circa vent'anni dopo, avremmo dovuto aspettarci al massimo una maschera di Halloween e non il volto di un eroe*[25].

Ma quale sostanza chimica conserva i corpi e viene utilizzata a questo scopo in tassidermia? L'arsenico!

Sì, ma avrebbe richiesto concentrazioni molto elevate di arsenico, molto più alte delle dosi di avvelenamento.

Dovrebbe essere visto come un caso di incorruttibilità come certi santi? Il mio collega Philippe Bornet lo ha suggerito, ma lui stesso non ci crede, perché Napoleone sarà anche morto cattolico, ma non era certo un santo.

---

24. Comunicazione personale.
25. Bornet Philippe, *Napoléon et Dieu*, Via Romana, 2021, p. 172.

*

Esiste un'ultima possibilità: la formazione di *adipocera*? Che cosa significa? Ricordate quanto detto dal dottor Guillard sull'aspetto «stearico».

Adipocere o grasso di cadavere è il nome dato alla trasformazione dei lipidi di un cadavere in una sostanza saponosa, grigia e biancastra, morbida e untuosa al tatto. L'albumina, decomponendosi, produce ammoniaca che reagisce con il grasso secondo la regola seguente:

base + grasso = sapone.

Ciò richiedeva un corpo ricco di grasso (Napoleone era in sovrappeso), la presenza di acqua (abbiamo visto che la bara era immersa nell'umidità) e l'assenza di ossigeno, cosa che avveniva sotto l'involucro ermetico di latta.

Un cadavere di solito si putrefà, ma può anche :
- mummificare in paesi molto caldi e secchi come il deserto egiziano;
- essere conservati a temperature inferiori a -40°C, come nel film *Hibernatus ;*
- o trasformarsi in adipocera, se il corpo è sepolto *in un terreno acido, immerso o confinato in uno spazio molto*

piccolo. L'acidità della torba palustre favorisce la formazione di adipocera.

«Il cuore, che era stato messo nell'aceto, fu posto in un piccolo vaso d'argento; lo stomaco in un altro vaso, ed entrambi furono posti nella bara accanto al corpo», scrisse Hudson Lowe nel suo rapporto a Wellington il 15 maggio 1821. È possibile che l'aceto sia fuoriuscito dai due vasi nella bara?

La formazione di adipocera è maleodorante come la putrefazione. Il professor Yves Chatenet, patologo forense presso la Corte d'Appello di Poitiers, scrive su questo argomento a[26]:

> *La patina bianca, soprattutto sul cranio e sulla fronte, ricorda i filamenti micelici che si trovano spesso all'interno di vecchie bare, quando la putrefazione non è stata troppo intensa... Noto che non si parla di liquido sul fondo della bara e che i vestiti sono in buone condizioni.*

Ciò non sarebbe avvenuto se il corpo si fosse putrefatto. Tutto ciò spiegherebbe lo stato stearico notato dal dottor

26. CHATENET Yves (Pr), «Le processus de putréfaction», in ROY-HENRY Bruno, *Napoléon, l'énigme de l'exhumé de Sainte-Hélène*, p. 313.

Guillard e la conservazione apparentemente miracolosa del corpo.

Aggiungo che Guillard annota anche: «La regione anteriore del torace era fortemente depressa nella parte centrale; le pareti del ventre erano dure e collassate». La prima parte della frase è facile da capire, dato che il cuore e lo stomaco sono stati rimossi, ma che dire della seconda? Non potrebbe essere che sia stato rimosso l'intestino? L'intestino, e i batteri anaerobi che contiene, sono la fonte della putrefazione. Come lo sappiamo? Grazie alla testimonianza del professor René Leriche, che l'ha avuta da Sir Berkeley Moynihan: durante un ricevimento ufficiale del College of Surgeons nel 1927, Moynihan lo prese da parte e gli disse:

– Venite con me e vi mostrerò qualcosa di raro che nessun altro conosce.

Prese una chiave appesa a una catenella che apriva una cassaforte incassata nel muro e ne estrasse una fiala di vetro non etichettata contenente un frammento di intestino tenue perforato.

– E' l'intestino di Napoleone[27]!

27. Vox Maximilien, *Napoléon*, Le temps qui court, 1959.

6. La vicenda delle maschere

Quanti musei e collezionisti napoleonici possiedono una maschera napoleonica? Centinaia. Molte sono copie. Molti sono falsi, o talvolta copie del vero, falsamente presentate come originali. Per non parlare del fatto che l'unica cosiddetta vera è in parte un falso.

Chantal Prévost, bibliotecaria della Fondation Napoléon, ha cercato di elencarle (in tre versioni successive pubblicate sulla sua rivista) e si pensava che il suo lavoro fosse esaustivo quando il collega Philippe Bornet ha portato alla luce un'altra maschera al Museo Palais Mamming di Méran, nel Tirolo italiano.

La questione è quindi complicata. Se fosse solo complessa, l'analisi potrebbe ridurla. Ma la vita è sempre complicata. Piuttosto che annoiare il lettore con date, tipi di materiale e testimonianze contraddittorie, dividerò questo capitolo in tre parti: maschere autentiche, maschere probabilmente o parzialmente autentiche e maschere palesemente false. Ho anche intenzione di scrivere una monografia completamente separata sul tema delle maschere.

A/ La maschera autentica o maschera Antommarchi

Napoleone morì il *5 maggio 1821* alle 17.49.

Il 6 maggio, i testimoni furono colpiti dalla sua bellezza: con i suoi lineamenti magri e riposati, assomigliava al Primo Console che era stato. Napoleone era davvero molto bello: per convincersene basta guardare il busto di Canova che lo ritrae al Museo Correr di Venezia. Le sculture di grandi personaggi sono sempre lusinghiere, ma anche la madre e le sorelle di Napoleone erano rinomate per la loro bellezza.

Madame Bertrand decise che era importante fare un calco del viso. Ma dove trovare il gesso? Andrew Darling, il falegname, montò a cavallo e andò a James Town. Non c'era più gesso. Riportò solo statuette che dovettero essere schiacciate. Non riuscirono. Uno dei medici inglesi, il dottor Burton, sapeva dove trovare sull'isola il gesso con cui si fa il gesso (ho ottenuto alcuni campioni da un'area vicina alla pista di atterraggio). Insieme al guardiamarina John Ward e ad alcuni marinai, corse a George Island, dove raccolsero il gesso di notte alla luce delle torce.

Nel frattempo era stata effettuata l'autopsia; il gesso era stato frettolosamente carbonizzato, forse con l'aiuto del decoratore Payne.

Il *7 maggio* Antommarchi, che inizialmente si era ricusato, e Burton si misero al lavoro. Antommarchi aiutò Burton e in seguito affermò che Burton aveva aiutato solo lui.

Racconta il mamelucco Ali: «Non appena il pubblico se ne fu andato, [si] misero al lavoro. Per facilitare l'operazione, il collo dell'imperatore fu liberato togliendo il colletto e la cravatta e aprendo la camicia. Nonostante la scarsa qualità del gesso, Antommarchi e Burton riuscirono fortunatamente a rimuovere il calco prima dal volto e poi dall'altra parte della testa...».

Ma i lineamenti dell'Imperatore non erano più gli stessi. Bertrand scrive lo stesso giorno: «È stato fatto un calco in gesso del volto dell'Imperatore, che era completamente sfigurato ed emanava un pessimo odore». Marchand giudicò l'aspetto «invecchiato». Per questo motivo, molti si rifiutarono di credere all'autenticità della maschera Burton-Antommarchi o sospettarono che il corpo di Napoleone fosse stato sostituito con quello di Cipriani. Alle 19.00 il corpo fu posto nella prima bara.

*

Dobbiamo fare una digressione per ricordare alcuni semplici concetti di chimica.

Per fare il gesso è necessario il gesso, che viene calcinato a 150°C e disidratato prima dell'uso.

Il gesso è solfato di calcio diidrato, CaSO4 2H2O, mentre il gesso è solfato emiidrato, CaSO4 ½ H2O.

Quando il gesso è idratato, può essere modellato e mantiene la sua forma quando si asciuga. Quando le statuette chiamate «gesso» vengono frantumate, il risultato è in realtà polvere di gesso, inutile perché non può più assorbire acqua. Questo è ciò che la signora Bertrand ha tentato ingenuamente all'inizio con l'ignorante Antommarchi e il disponibile Darling, che era un falegname e non un muratore. Il gesso avrebbe dovuto essere calcinato.

In breve, il gesso è gesso disidratato e il gesso è gesso idratato. *A rigore,* i nostri rivestimenti murali e alcune delle nostre statuette e decorazioni sono fatti di gesso (non di gesso).

*

Il dottor Burton ne sapeva qualcosa. Con il permesso di Hudson Lowe, partì in barca verso il sud-est di Sant'Elena, dove sapeva di poter trovare il gesso. Lo riportò indietro e lo bruciò prontamente. Ahimè, i lineamenti del moribondo, ancora così belli alle 8 del mattino, erano già crollati alle 4 del pomeriggio! Con l'aiuto di Antommarchi, Burton fece comunque un calco del volto, poi un secondo del retro del cranio. Poi si ritirò, esausto della giornata, lasciando i due calchi ad asciugare sul posto. Il tenente Duncan Darroch del 20° Reggimento scrisse in una lettera a sua madre: «Sono entrato mentre veniva fatto il calco della testa, ma l'odore era così orribile che non potevo restare. Il dottor Burton lo stava prendendo con il medico francese.

L'*8 maggio* Burton torna a realizzare i positivi. Tentò di modellare un positivo nel negativo del volto, ma i due rimasero incollati. Sarebbe stato necessario rompere il negativo per salvare parte del blocco facciale dal positivo (occhi, naso, bocca e mento). Burton suggerì di non fare nulla di più fino al suo ritorno in Inghilterra e di lasciare il tutto ai professionisti. Tutto fu lasciato al suo posto.

Il *9 maggio,* Madame Bertrand e Antommarchi rubano la parte del viso. Quando Burton tornò per il funerale, si infuriò per quello che considerava un furto. Scrisse lettere a Madame Bertrand e a suo marito, il Gran Maresciallo, minacciandoli di azioni legali. I francesi, però, non hanno tutti i torti: esiste quello che oggi chiameremmo «diritto alla propria immagine». In effetti, gli lasciarono generosamente la cavità del cranio, cosa molto interessante, soprattutto in un'epoca in cui si credeva alle teorie frenologiche di Gall. Il Gran Maresciallo Bertrand rispose in una lettera: «Vi sono grato per il disturbo che vi siete preso», ma aggiunse «avete aiutato Antommarchi».

Ma accadde il contrario! Burton prese la penna e scrisse alla dogana di Londra di bloccare i bagagli di Bertrand e Antommarchi al loro arrivo. Arrivato a Londra pochi giorni dopo i francesi, Burton voleva far sequestrare la maschera dagli ufficiali giudiziari. Ma il giudice inglese si dichiarò incompetente e accettò la parola del generale Bertrand che la maschera era destinata alla madre di Napoleone.

Il calco è ancora intatto. Antommarchi, forse con l'aiuto dell'artista Rubidge - ma questa è solo un'ipotesi - aveva completato la massa facciale centrale con fronte, orecchie e cranio. Il risultato è un'*anastilosi*, come talvolta costruiscono gli archeologi, con le pietre trovate e materiali di colore diverso dalla parte autentica. Ma l'anastilosi deve essere reversibile e ammessa; essa facilita il ripristino dell'aspetto antico del monumento. Tuttavia, Antommarchi non ha ammesso questa discutibile restituzione.

Per quanto riguarda il calco del dorso del cranio conservato da Burton, era stato rotto da lui stesso in un impeto di rabbia. Lo sappiamo dalla vedova Ward, che lo affidò *allo Sharp's Magazine* nel 1853.

*

Parliamo ora delle prime copie, poche e autorizzate dal generale Bertrand.

Bertrand fece realizzare una **prima copia** del calco originale, che tenne al sicuro a Londra, e scrisse il 1° settembre 1821: «Questa valigetta contiene un calco in gesso della testa dell'Imperatore Napoleone realizzato sulla base della maschera eseguita a Longwood dal dottor Antommarchi. Il conte Bertrand l'ha lasciato al signor X affinché, se l'originale dovesse andare perduto o rompersi durante il trasporto da Londra a Roma, si possa trovare una copia. Il gesso contenuto in questa scatola può essere smaltito solo per ordine del conte Bertrand e secondo le intenzioni che Madame, la madre dell'Imperatore, gli farà conoscere. La mia opinione è che questa prima copia sia rimasta in Inghilterra e che non sia altro che il RUSI.

Una **seconda copia** fu riservata a Canova, lo scultore, perché ne facesse una copia in marmo. Ma Canova non ricevette mai questa copia.

*

Per quanto riguarda il **calco originale**, dove si trova? Antommarchi lo portò con sé negli Stati Uniti e poi a Cuba, e un secolo dopo la sua famiglia (rappresentata da Gérard Azémar) lo donò al Musée de la Malmaison, inizialmente come deposito, prima che il museo lo acquisisse con il suo «piccolo baule ricoperto di pelle contenente una scatola verde». Secondo M. Dancoisne-Martineau, curatore dei domini francesi di Sant'Elena, si tratta della prima stampa positiva, realizzata a partire dall'impronta di Burton, perché l'analisi del gesso ne dimostra la grossolanità.

*

Ho esaminato otto delle maschere storiche attribuite a Napoleone: sull'ottava maschera, tornata dal Sud America e donata dalla famiglia Azémar, ho prelevato dei campioni in presenza e grazie al signor Alain Pougetoux, ex conservatore del Musée de la Malmaison. È stata redatta una relazione e, in seguito alle mie analisi, la maschera è diventata un'esposizione permanente del museo. La figura 6 (vedi appendice) mostra la maschera donata dalla famiglia Azémar.

Si tratta infatti di una trasformazione della maschera originale fusa da Antommarchi e Burton il 7 maggio 1821[28]. Ho trovato due peli di sopracciglia sulla sua superficie. Uno dei peli era stato chiaramente tirato in senso longitudinale nel passaggio dal calco originale al positivo. Frammenti di pelle e forfora hanno permesso l'analisi del mtDNA e

---

28. LUCOTTE Gérard, THOMASSET Thierry, POUGETOUX Alain, «La mutazione Napoleone 16184T è quella riscontrata nella sequenza HVS1 del mtDNA estratto da un sopracciglio incluso nel gesso della maschera mortuaria Antommarchi di Napoleone», *International Journal of Sciences*, vol. 4, gennaio 2018, pagg. 104-133.

hanno confermato la presenza dell'ormai famosa mutazione 16184T tipica della famiglia Bonaparte.

Ho fatto alcune interessanti osservazioni secondarie. C'erano particelle minerali ricche di magnesio, tipiche della lava dell'isola di Sant'Elena. C'erano anche resti di bicromato di potassio, usato come agente sbiancante. Infine, la cosa più interessante è la presenza di particelle di fosfato (caratteristiche del gesso dell'isola).

*

Ripeto: la maschera esposta alla Malmaison è, a mio avviso, una versione trasformata dell'originale e autentica maschera funeraria ufficiale di Napoleone:

- La sua parte centrale è autentica, realizzata con un intonaco grossolano (come se fosse stato fatto da dilettanti) contenente un alluminosilicato ricco di ferro, tipico dell'isola, e fosfati;
- e non la parte periferica, fatta di un gesso di Parigi molto più fine, che Antommarchi trovò a Londra[29].

29. «Studio mineralogico e chimico della maschera mortuaria Antommarchi di Napoleone I», *Revue de l'Institut Napoléon*, vol. 214, 2017, p. 27636.

B/ Maschere parzialmente o probabilmente autentiche

Quello che intendo dire con «parzialmente autentica» è che la maschera è stata effettivamente realizzata sul volto dell'Imperatore, ma o prima della sua morte o senza l'autorizzazione a usare il titolo di maschera ufficiale. Infatti, come scrisse il maggiore Gideon Gorrequer: «Sono stati fatti vari tentativi per assomigliare a lui prima e dopo che [Napoleone] fosse vestito».

- La maschera di **Noverraz 2** è stata offerta al Musée de l'Armée tre volte, nel 1927, 1935 e 1942. La **maschera di Noverraz 2** contiene effettivamente i capelli di Napoleone. Ho assicurato il proprietario, il signor Gottardi, cittadino svizzero, che mi ha chiesto di valutarla in vista della vendita nello studio del signor Coutau-Bégarie, cosa che non ho potuto fare. Contiene alcuni autentici peli di barba napoleonici con il mtDNA tipico dei figli di Letizia. La mia ipotesi è che Noverraz possedesse tali peli di barba, raccolti durante la pulizia funebre, e li abbia fatti impiantare nelle guance della maschera da uno specialista. A meno che non abbia modellato la maschera per sé, prima che Marchand facesse la barba all'Imperatore. Noverraz era molto affezionato a Napoleone: quando seppe che il suo padrone stava morendo, anche se costretto a letto e malato, si alzò e si vestì per vederlo vivo un'ultima volta. La Figura 4 (vedi appendice) mostra la maschera di Noverraz 2.

- La maschera **RUSI o del Corso**. Si dice che facesse parte delle collezioni del Principe di Essling, prima di essere venduta da un certo Louis-Charles de Bourbon a Charles Alder, che nel 1953 la cedette alla Royal United Service Institution (RUSI), un think-tank strategico creato da Wellington. Il curatore in possesso del RUSI lo vendette nel 1970 e Forman Piccadilly Limited lo vendette al collezionista americano Corso, che se ne liberò nel 2004 per 13.000 dollari. La figura 5 (vedi appendice) mostra la maschera del RUSI.

  Ho studiato questa maschera, nota anche come la *Maschera della Morte di Napoleone*, e i campioni da essa prelevati, utilizzando software di riconoscimento facciale, microscopia ottica ed elettronica con microfluorescenza a raggi X, per non parlare della determinazione del mtDNA.

  Il volto della maschera RUSI si distingue da tutti gli altri per il gonfiore della pelle e il cedimento della carne, oltre che per il ringiovanimento dei lineamenti dovuto all'ipopituitarismo - un'anomalia ghiandolare - di cui potrebbe aver sofferto[30]. Il confronto con un disegno inedito di Marchand mostra che i due profili sono molto

30. FRUGIER Jean-Raymond (Dr), *Napoléon : essai médico-psychologique*, Albatros, 1985.

simili: la curvatura della fronte, l'area tra le sopracciglia, il ponte e la punta del naso, la zona delle narici e l'inizio del labbro superiore, che sulla maschera è appiattito a causa dell'altezza della maschera e dell'altezza del labbro.

La qualità del gesso è eccellente, soprattutto nella zona centrale: aghi di gesso fini in fasci stretti. Il microscopio elettronico con microfluorescenza mostra peli sottili con file di scaglie di 5μ, tipicamente umani. Il capello n. 3 presenta un bulbo, che rende possibile la ricerca del DNA mitocondriale: questo capello infatti presenta la mutazione 16 184 T.

La mia opinione, espressa in un articolo pubblicato di recente[31], è che RUSI sia la copia depositata dal conte Bertrand con «M.X».

- Sembra che la maschera di **Baden** sia stata fusa durante la vita dell'imperatore come regalo per il re di Roma e che Antommarchi l'abbia portata a Maria Luisa. Tuttavia, nel 1830 Maria Luisa la consegnò al suo chirurgo, Anton Rollet di Baden. Egli fonderà il Rollettmuseum e vi collocherà la maschera, insieme alla collezione del frenologo Gall.

31. LUCOTTE Gérard, JULLIEN Frans, THOMASSET Thierry, «La maschera del RUSI è una replica autentica della maschera mortuaria originale di Napoleone», *International Journal of Sciences*, vol. 12, gennaio 2023, pag. 55-68.

- Poi c'è la maschera di **Borella**, che prende il nome dal suo proprietario che tentò di venderla al Musée de l'Armée nel 1938.
- La Maschera **dell'Ermitage** di San Pietroburgo è apparsa nel 2015. Apparteneva al figlio di Eugène de Beauharnais, genero di Napoleone.
- Infine, una maschera di cartapesta, la maschera del conte **Pasolini**, realizzata con carta diluita in bianchetto, fu citata da Antommarchi in un discorso tenuto a New Orleans nel 1837. Si dice che Pasolini l'abbia acquistata dal generale Giuseppe Lechi. A loro favore posso solo dire che non è ancora stato dimostrato che siano falsi.
- Diverse maschere si trovano in Sud America, a Bogotà, Caracas o Santiago de Cuba. Tra queste probabilmente ci sono alcune maschere dell'abbonamento Antommarchi, tra cui, a mio parere, l'esemplare della collezione Archambault, il cocchiere. Nella migliore delle ipotesi, si tratta di copie della maschera di Antommarchi.

In realtà, Antommarchi fece realizzare altre prove dopo il 1833 (alcuni sostengono che abbia poi rotto l'originale, commettendo così un crimine contro la storia, per aumentare il valore delle prove che intendeva vendere in abbonamento).

Antommarchi lancia una campagna di sottoscrizione nazionale con volantini e inserti sulla stampa. Un comitato *ad hoc* riunì nomi prestigiosi: Bertrand,

naturalmente, ma anche Gourgaud, un Murat, un Principe di Moskowa e un Duca di Elchingen. Prezzo di una copia in bronzo: 100 franchi. In gesso: 20 franchi.
Il numero di copie realizzate in questo modo è sconosciuto. Solo Louis-Philippe ne fece acquistare 25. Antommarchi vendette infine i suoi diritti di riproduzione ai fonditori Richard e Quesnel nel 1834 (i diritti furono poi trasferiti a Susse frères nel 1936). L'opera era ancora in catalogo nel 1855. Il fonditore, un certo Massimo, fu condannato a otto mesi di prigione per aver abusato della fiducia di alcuni acquirenti, ai quali aveva fatto credere che la copia fosse l'originale. In Inghilterra, Colnaghi & Co si occupava della commercializzazione.
Una delle copie è stata acquistata dal principe Demidoff, marito della principessa Mathilde, figlia di Jérôme, un'altra è entrata nella collezione di Lord Rosebery, un'altra ancora si trova al Musée d'Antibes e una al Musée de l'Armée.
I contemporanei rimasero delusi da un volto così poco somigliante al resto dell'iconografia. Anatole France descrisse Antommarchi come un «italiano, uno speziale da commedia, chiacchierone e affamato». I frenologi, discepoli del dottor Gall, non trovarono in Napoleone la gobba del genio, e per una buona ragione.

C/ Elenco di maschere palesemente false

- Si dice che la maschera di **Exeter** provenga dal dottor Arnott, che l'ha ricevuta da Antommarchi. Ma perché mai Antommarchi avrebbe dovuto fare un regalo a un concorrente?
- Si ritiene che le maschere **Gilley 1 e 2** provengano dal colonnello Gilley, l'ufficiale in servizio a Sant'Elena. Tuttavia, si dubita che egli abbia effettivamente soggiornato sull'isola, poiché non compare nell'elenco degli ufficiali presenti nel 1820, appena sei mesi prima della morte di Napoleone. **Gilley 1** compare solo nel 1950 e **Gilley 2** nel 1961. Si pensa che quest'ultimo sia stato un regalo del fratello di Hudson Lowe. Il problema è che Lowe aveva una sola sorella. Queste due maschere si trovano alla Maison Bonaparte di Ajaccio. Sono in gesso di Parigi, come ho potuto dimostrare, il che dimostra che sono falsi, perché il gesso disponibile all'epoca a Sant'Elena era di qualità mediocre. Inoltre, come potrebbero esistere due maschere autentiche, proposte senza battere ciglio dalla stessa persona? Assurdo come il teschio di Voltaire bambino descritto da Alphonse Allais!
- Si dice che la maschera di **Boys** sia appartenuta al vicario Richard Boys, tornato in Inghilterra nel 1829. Fu venduta per 170.000 sterline, ma il Ministero ne bloccò l'esportazione. Se l'Inghilterra ci crede, peggio per loro.

- La maschera di **Sankey** apparve nel 1915 e prese il nome dal nipote del pastore Boys. I sostenitori della sua autenticità sostengono che la maschera di Burton fu completata grazie al pittore Rubidge, che disegnò l'imperatore sul letto di morte.
- La maschera di **Noverraz 1** è in gesso ed è stata donata al museo di Losanna nel 1997 da un discendente del servitore di Napoleone. Se **Noverraz 1** è autentica, **Noverraz 2** è un falso e viceversa.
- La maschera di **Arnott**. Il dottor Ganière scrive: «Il dottor Arnott ci assicura di aver preso lui stesso un'impronta di cera del volto imperiale quando, nella notte tra il 5 e il 6 maggio, fu lasciato insieme al cadavere». Si tratterebbe quindi di una maschera funeraria autentica, ma non ufficiale.

  Chi è il dottor Arnott? Fu uno dei pochi medici inglesi - anzi, irlandesi - che Napoleone accettò al suo capezzale. L'Imperatore aveva notato il suo acuto senso di osservazione e gli aveva offerto una tabacchiera. Arnott, il cui occhio professionale era davvero penetrante, aveva notato la piccola cicatrice da variolizzazione di Napoleone.

  Hudson Lowe gli aveva ordinato di non lasciare il corpo di Napoleone dopo la sua morte. Arnott avrebbe quindi realizzato il calco con la cera per modellare, non con le candele, in assenza dell'Abbé Vignali e della servitù.

Tutto ciò avvenne senza autorizzazione, perché Arnott lasciò Sant'Elena nell'aprile del 1822 senza dire una parola sul calco, anche se lo avrebbe firmato e datato lasciandovi l'impronta del pollice. Mai si scrive con la I e non con la Y, come in inglese, e la parola Arnott ha solo una T, ma solo perché non c'è abbastanza spazio. La calligrafia è simile a quella di una lettera scritta a Lowe nel settembre 1821, conservata presso il Record Office di Londra con il numero CO 247/32.

*

E ora seguitemi attentamente se volete capire qualcosa. Nel 1827, Re Girolamo divenne proprietario del calco acquistato da suo cognato, il Re del Württemberg, per 3.000 sterline. Nello stesso anno fu rubato da un bavarese, il capitano Winneberger, che lo espose per la vendita in una galleria londinese al 454 di Oxford Street.

Winneberger fu arrestato. Nel 1855, *The Illustrated London News* di aprile, seguito da un libro di Watson pubblicato a Londra, ne riportò l'esistenza. Napoleone III decise di pagare la cauzione di 4.000 sterline richiesta per il rilascio di Winneberger e recuperò l'oggetto.

Nel 1871, la scatola, rivestita di velluto rosso, sfuggì alle fiamme dell'incendio delle Tuileries? Nel 1895, la rivista americana *Mac Clure's magazine New York* pubblicò un articolo del barone di Saint-Pol, amico intimo di Jérôme e di Napoleone III, che lo confermava e svelava l'intera storia.

Se l'articolo è credibile, la maschera fu probabilmente rubata da un addetto dell'ambasciata di nome Schropp, assiduo frequentatore delle Tuileries e familiare a tutto il Gotha tedesco, approfittando della presenza di un reggimento bavarese a palazzo. Schropp prese alloggio in un albergo privato a Nizza, ma nel 1914 tornò in Germania, lasciando la maschera al suo valletto, Combes. Quando Combes ricevette l'ordine di inviare la maschera in Germania, esitò... fino al 1923. Combes non aveva avuto notizie dal barone Schropp (la cui intenzione, come oggi sappiamo, era di donarla a un museo di Nizza) e non riceveva il suo stipendio da anni. Affidò quindi il calco al suo amico, il naturalista Rouppert, che lo espose in rue de l'École de Médecine a Parigi.

Nel luglio 1923, il giornalista Henri Simoni scriveva: «Lo si può vedere in un negozio dell'École de Médecine a Parigi». Ma scomparve di nuovo nel novembre 1931, per poi riapparire presso un altro antiquario, Lucien Ebstein. Combes era malato e chiese a Ebstein di venderlo. Nel 1929, un collezionista americano, Alfred Pardee, la cui moglie, Marie-Antoinette Ruelle, era francese, lo acquistò. Il suo amico, il conte Bélénet, era anche amico del barone Schropp e ricordava perfettamente la maschera che era apparsa sulla mensola del barone. Bélénet diede a Pardee la sua parola che era autentica. La maschera di Arnott ha lasciato la Francia, ma rimane di proprietà dei discendenti di Pardee.

Ecco i miei argomenti per dire che questa maschera è falsa.

1. Arnott morì nel 1855 e uno dei suoi nipoti affermò che egli stesso negava di essere l'autore della maschera a lui attribuita.
2. Ho studiato questa maschera. Non è fatta di cera, ma di tela di lino ricoperta di gesso mescolato con una polvere di limatura di ferro che le conferisce un tono rosa. La cera costituisce solo lo strato superficiale ed è sbiancata con cerume e solfato di bario, che impedisce l'imbrunimento con l'età. Tuttavia, queste particelle di ossido di ferro non sono state prodotte fino alla rivoluzione industriale (dal 1850).
3. In realtà, non esiste una sola maschera di Arnott, ma cinque. La maschera di Monaco, ad esempio, ha una storia simile alla precedente: un grande nome della storia suscita l'ammirazione del potenziale acquirente (quello dell'imperatore Alessandro I), una lunga serie di proprietari aiuta a coprire le tracce e il famoso capitano bavarese ricompare con il nome di Wilneberger anziché Winneberger. Il professor Stadmuller, che all'epoca godeva di grande reputazione, lo considerava autentico.

7. Napoleone era francese?[32]

La domanda può essere uno shock, ma non siamo i primi a porla.

- Ma, tutto sommato, sei uno di noi, sei italiano? disse Luigi I, sovrano d'Etruria, a Napoleone.

- Non sono italiano, sono francese», rispose Napoleone con forza.

Va aggiunto che all'inizio del XIX secolo la parola Italia non corrispondeva ad alcuna nazione. La penisola era divisa tra il Regno di Napoli a sud, gli Stati della Santa Sede al centro e il Regno di Piemonte-Sardegna a nord. Il resto era disperso tra la Toscana, Milano, legata all'Austria,

32. Si rimanda il lettore alla bibliografia finale, che comprende sei articoli sull'aplotipo del cromosoma Y di Napoleone, noto come M34, sulla sua distribuzione mondiale, sul suo profilo autosomico e sullo studio di alcuni suoi discendenti.

Venezia, con i suoi possedimenti agricoli, e alcuni minuscoli principati.

L'Italia faceva ovviamente parte dell'Impero romano, ma non fu mai più di un gruppo di città alleate o soggette, asservite a Roma. Anche alla fine della Repubblica romana, la riva sinistra del Po sembrava una frontiera naturale che separava la latinità dai territori più o meno celtici. Milano, Brescia e Verona erano state fondate dai Galli e la civiltà romana vi si era diffusa solo tardi, mentre la nostra Provenza e la Linguadoca erano da secoli saldamente ancorate alla Repubblica romana. Il provenzale si è quindi latinizzato molto prima del milanese o del veneziano. Va aggiunto che la parte meridionale dello Stivale fu colonizzata dai Greci e che la Toscana, l'antica Etruria, differisce profondamente dal Lazio.

Quando Bonaparte guidò il suo esercito oltre le Alpi nel 1796, l'Italia era ancora solo un sogno, proprio come era apparsa ai compagni di Enea in fuga da Troia per trovare una nuova patria:

> *Jamque rubescebat stellis aurora fugatis,*
> *Cum procul obscuras colles humilemque videmus Italiam.*
> *Italiam primus conclamat Achates ;*
> *Italiam laeto socii clamore salutant.*
> L'alba si stava già arrossando, le stelle fuggivano,

> Quando abbiamo visto le colline scure e l'Italia piatta in lontananza.
> «Italia!», esclamò il primo Achate;
> «Italia!» hanno salutato i nostri compagni con un grido di gioia…

Furono questi famosi versi dell'Eneide di Virgilio, libro III, a tornare alla mente di Napoleone quando dettò il seguente passo a Sant'Elena:

«Nel gennaio [1795] [Napoleone] passò una notte sul Col de Tende, da dove, al sorgere del sole, scoprì queste belle pianure che erano già oggetto delle sue meditazioni. *Italiam! Italiam!*»[33]

Quindi l'Italia era solo un sogno, ma un sogno condiviso. «La mia origine mi faceva considerare da tutti gli italiani come un connazionale. Quando Paolina sposò il principe Borghese, ci fu un solo grido da parte di questa famiglia e dei suoi alleati a Roma e a Firenze: questo è bene, questo è tra noi, questa è una delle nostre famiglie». All'incoronazione, il partito italiano prevalse su quello austriaco con questa considerazione di amor proprio: «In fondo, è una famiglia italiana quella che imponiamo ai barbari per governarli: ci vendicheremo dei Galli».

33. *Commentaires de Napoléon Ier,* Imprimerie impériale, tome 1, p. 66.

Napoleone Bonaparte sfruttò questo sogno di unità a proprio vantaggio. Pochi sanno che esisteva una Repubblica Italiana di cui Napoleone Bonaparte fu il primo Presidente prima di essere incoronato Re d'Italia, ma era limitata a una parte della pianura padana. Nel gennaio 1802, a Lione, fu convocata un'Assemblea Costituente e furono eletti trenta deputati per scegliere il Presidente della Repubblica Cisalpina. Bonaparte ricevette un solo voto al primo turno e Melzi venticinque. Fortunatamente, Talleyrand intervenne e Melzi ebbe il buon senso di ritirarsi; Bonaparte fu eletto.

*

Il giorno successivo, il Primo Console arringa la folla e chiede che venga letta la Costituzione della Repubblica Cis... Cisalp....

«Italiano, italiano», ha cantato la folla con un entusiasmo irresistibile.

«Beh, sì, italiano», dice tra gli applausi[34].

Bonaparte amava così tanto la nuova Italia da annetterle il Piemonte nel 1802. Poi, nel 1805, dopo aver ricevuto la corona di ferro dei re lombardi, tornò a Parigi, facendo una deviazione via Genova. A palazzo Ducale, ascoltò con favore il discorso del Doge: «I cambiamenti avvenuti...

34. Fournoux Amable (de), *Napoléon et Venise, L'aigle et le lion,* éditions de Fallois, 2002.

rendono la nostra esistenza isolata molto spiacevole... Vi prego di concederci la felicità di essere vostri sudditi». Si trattava di una sorta di *Anschluss* avant la lettre, con il genovese, ora sovrano di Francia, che annetteva la sua patria.

La memoria di Napoleone Bonaparte, che liberò la città dagli austriaci nel 1796, è ancora oggi venerata a Milano, ma i veneziani lo odiano per aver posto fine alla loro millenaria repubblica (hanno persino recentemente tolto la sua statua del Canova ai visitatori del Museo Correr), così come i tirolesi, che si sono sempre sentiti vicini all'impero asburgico e hanno un pessimo ricordo dell'occupazione della loro provincia da parte degli alleati bavaresi.

*

Se Napoleone non fosse stato italiano, sarebbe stato corso? Suo padre sembra esserlo e i suoi antenati sono di Ajaccio da generazioni, ma i Bonaparte provengono da un ramo della famiglia toscana cacciata da Firenze durante le guerre tra Guelfi e Ghibellini, un ramo che si stabilì a Sarzane, ai confini tra Toscana e Liguria, prima di trasferirsi ad Ajaccio nel XVI secolo. Il padre di Napoleone, Carlo, per far entrare il figlio a Brienne, produsse titoli nobiliari che lo legavano ai Bonaparte di Toscana, una famiglia illustre.

Napoleone era corso attraverso la madre, alla quale doveva decine di cugini di Boccognano, e la nonna materna era una Pietra-Santa di Sartène? Ma Letizia, nata Ramolino, proveniva da una famiglia italiana, i Conti di Coll'Alto o Collalto, risalente al X secolo. I Collalto, che rivaleggiano con i Capetingi per anzianità, furono, come i Capetingi, sempre sovrani e indipendenti sulle loro terre, e si schierarono con l'Imperatore contro il Papa.

In breve, Napoleone era un corso di origine toscana.

Ma che dire di lui? Cosa sta dicendo?

> *Sono più champagne che corso, perché dall'età di nove anni sono stato educato a Brienne. Sarebbe dispiaciuto ai francesi se mi fossi circondato di corsi; al contrario, volevo assolutamente essere francese, anche se la Corsica, situata tra la Francia e l'Italia, poteva essere la patria di colui che avrebbe regnato su entrambe. Tuttavia, tra tutti gli insulti che mi venivano lanciati in tanti libelli, quello a cui ero più sensibile era sentirmi chiamare corso. In sostanza, l'isola di Corsica non è francese, anche se vi si parla francese. Io non sono corso: sono cresciuto in Francia, quindi sono francese e lo sono anche i miei fratelli... Una volta, a Lione, un sindaco, pensando di farmi un complimento, mi disse:* È sorprendente, Sire, che non essendo francese amiate così tanto la Francia e facciate così tanto per lei. *Era*

come se mi avesse colpito con un bastone! Gli ho dato contro... Sono italiano o toscano piuttosto che corso.

Questa Corsica paolista che lo cacciò con la sua famiglia nel 1793. Questa Corsica che, durante il plebiscito per il conferimento del titolo di Imperatore al Primo Console, votò *sì* con moderato entusiasmo. Ancora oggi, quando si parla calorosamente di Napoleone a un còrso, l'interlocutore di solito rimane educatamente in silenzio. Napoleone non disse forse della Corsica: «È una verruca sul naso della Francia. Se si potesse spingerla nelle profondità del mare, bisognerebbe farlo»?

In sintesi: Napoleone sosteneva di essere francese, ma ammetteva di essere di origine toscana e rinnegava la Corsica. La genetica può contenere la chiave di questo enigma? La risposta si trova nello studio dell'aplotipo del cromosoma Y di Napoleone.

*

Avevo quindi ottenuto dal museo di Châteauroux l'accesso alla famosa teca di Vivant Denon che, oltre a qualche capello, conteneva tre peli di barba, due dei quali avevano alla base un follicolo calcificato, cioè cellule con un nucleo (cosa che non avviene per i globuli rossi) e quindi con il DNA.

Il DNA è il componente principale dei cromosomi: 23 coppie di cromosomi, ogni coppia contiene un cromosoma del padre e uno della madre. Una di queste coppie determina il sesso: XX per la femmina e XY per il maschio. L'individuo è maschio perché ha ricevuto il cromosoma Y dal padre, che lo ha ricevuto dal padre, e così via in ordine patrilineare. Tanto che il cromosoma Y è stato talvolta soprannominato cromosoma di Abramo. Contiene i geni che, tra le altre cose, causano lo sviluppo dei testicoli.

Come tutti i cromosomi, è costituito da una serie di geni che possono essere identificati. Una sorta di targa. Questi geni possono mutare (cambiare) e la mutazione è caratterizzata da una certa frequenza nella popolazione generale. Il cromosoma Y contiene alcuni geni in un certo ordine e con determinate mutazioni. Un aplotipo è determinato da una prima categoria di marcatori genetici corrispondenti a sostituzioni di basi nel DNA; un aplotipo è costituito da tutti gli aplotipi che condividono una seconda categoria – corrispondente a ripetizioni di gruppi di basi – di marcatori genetici. Alcuni aplotipi sono più frequenti in certi gruppi etnici e in certe regioni del mondo rispetto ad altri e formano gli aplogruppi.

Ora, come vedremo, sulla parte del cromosoma Y che si ricombina con l'X si determina un aplotipo noto come *E1b1b1c1* (vedi figura 7 in appendice), che fungerà da pietra di paragone per l'identificazione genetica dei membri maschi della famiglia Bonaparte.

Ma come si ottiene questo aplotipo da un follicolo pilifero? Per cominciare, ho utilizzato un microscopio elettronico dotato di un generatore di raggi X per esaminare i miei preziosi peli di barba. Un fascio di raggi X può essere diretto in qualsiasi punto del campione in osservazione e fornire lo spettro atomico corrispondente. Questo esame ha rivelato, alla base di due peli (dei tre in mio possesso), un'area ricca di calcio e fosfato, probabilmente contenente tessuto organico e quindi DNA.

All'osservazione, questi peli erano effettivamente peli di barba, perché :

- erano di diametro superiore a quello dei capelli;
- La loro sezione trasversale era angolare a causa della forza del rasoio, che li inclinava;
- le file di squame erano molto ravvicinate, il che indica una crescita rapida.

Alla base dei peli, ho notato tracce di sapone da barba e piccoli pezzi di acciaio industriale (ricco di cromo e manganese) provenienti dal rasoio, *cellule sanguigne* e tessuto corneo e secco corrispondente alla guaina follicolare che circonda il bulbo pilifero.

Queste zone ricche di calcio e fosfati sono state isolate e incubate a una temperatura adeguata, prima di essere immerse in una soluzione lisante (cioè che distrugge le membrane cellulari, permettendo l'estrazione del DNA). Sono state prese le precauzioni standard per evitare di contaminare il campione con il DNA del tecnico (guanti, mascherine). La tecnica della PCR è stata poi utilizzata per duplicare il DNA trovato fino a ottenere un numero sufficiente di molecole[35]. È stato così possibile determinare l'aplotipo di Napoleone utilizzando la prima categoria di marcatori.

*

Il Principe Napoleone, discendente del fratello di Napoleone Jérôme (il suo cromosoma Y dovrebbe quindi essere uguale a quello di Napoleone Bonaparte e di suo padre Carlo Bonaparte), è stato felice di sottoporsi a uno striscio della bocca per un confronto. Ciò ha richiesto una certa dose di coraggio, perché avrei potuto scoprire che la sua discendenza storica era in realtà illegittima. Invece no, Carlo Bonaparte, nato nel 1950, è un discendente di quarta generazione di Jérôme Bonaparte, fratello minore di

35. LUCOTTE Gérard, THOMASSET Thierry, HRECHDAKIAN Peter, «Haplogroup of the Y Chromosome of Napoleon the first», *Journal of Molecular Biology Research*, vol. 1, n. 1, dicembre 2011, pagg. 12-19.I marcatori genetici utilizzati in questo studio erano SNP (polimorfismi a singolo nucleotide), già noti nella letteratura scientifica. Dopo aver determinato che il DNA estratto dai follicoli conteneva effettivamente un cromosoma Y, l'uso successivo di 10 SNP: - M125, M174, M35, M33, M123, M81 e M78, per identificare i rami principali, - poi M34, M84 e M290 per determinare la differenziazione terminale, ha permesso di specificare che l'aplogruppo era E1b1b1c1, - M3 è il marcatore definitivo.

Napoleone e re di Westfalia. Questo striscio è stato utilizzato per stabilire il cosiddetto profilo Y-STR (basato sui cosiddetti marcatori microsatelliti), in questo caso composto da 37 marcatori genetici. Non restava che confrontare i due aplotipi: quello determinato dai capelli e quello di Carlo (vedi figura 8 in appendice).

Sono **identici per 3 marcatori chiave** (DYS19, DYSICAIIa e DYSICAIIb determinati in Napoleone) e in Carlo includono quelli dell'aplogruppo E1b1b1c1, il cui marcatore di differenziazione finale è E-M34 (oltre a M84 e M290 che sono assenti).

*

Dove si trova l'E-M34? In Europa meridionale e in Nord Africa, con una frequenza del 6,6% in Sicilia. È comune anche in Etiopia e nel Vicino Oriente.

È suddiviso in sottogruppi: il sottogruppo A tra le popolazioni tedesche e spagnole, il B tra le popolazioni arabe intorno al Golfo Persico, il C costituito da inglesi e irlandesi, il D1 tra gli ebrei ashkenaziti e il D2 nel Vicino Oriente e in Turchia.

È possibile datare l'età di questi cinque aplogruppi, perché le mutazioni si verificano inevitabilmente e il loro numero è proporzionale alla durata del tempo: 3.850 anni. Si ritiene che il sottogruppo europeo abbia un'età di 3.525 anni. Ci sarebbe stata quindi una migrazione verso l'Europa da popolazioni del Medio Oriente (Libano, Siria, Palestina e Turchia) presenti fin dal V millennio a.C.. L'aplotipo napoleonico era presente sulle rive del Mar Morto, nell'attuale Giordania; conquistò il sud-est e il nord-ovest dell'attuale Turchia, si spostò in Grecia e nei Balcani e poi, da lì, raggiunse la Sicilia e la Calabria, Napoli, Sarzane e Ajaccio[36].

Le figure 9 e 10 in appendice mostrano le frequenze di M13 (il marcatore SNP terminale per la differenziazione) in Medio Oriente, Italia continentale, Sicilia, Sardegna e Corsica.

*

Sappiamo che tra gli antenati paterni di Napoleone, conosciuti fino alla XVII generazione, ci sono Guglielmo Bonaparte, vissuto a Sarzane nel XIII secolo, e il suo lontano discendente Giovanni Bonaparte, vissuto nel XV secolo e stabilitosi ad Ajaccio. Altre nove generazioni e si arriva a Carlo Bonaparte, padre di Napoleone.

---

36. LUCOTTE Gérard, DIÉTERLEN Florent, «Frequencies of M34, the Ultimate Genetic Marker of the terminal differenciation of the Napoleon the First's Y Chromosome Haplogroup E1b1b1c1, in Europe, Northern Africa and the Near Est», *International Journal of Anthropology*, 2014, vol. 29, n. 1-2, pp. 27-41.

La figura 11 (allegata) mostra l'ascendenza paterna di Napoleone su 17 generazioni.

Come ogni aristocratico che si rispetti, Napoleone conosceva a fondo i suoi antenati. Un giorno si confidò con il dottor Antommarchi, il suo ultimo medico:

«Il mio più antico antenato, vissuto in Toscana, aveva gli stessi principi politici che io professo oggi».

In altre parole, era un ghibellino, un sostenitore dell'imperatore contro il papa, un sostenitore del Sacro Romano Impero, un uomo che voleva unire tutte queste antiche città, gelose della loro indipendenza come ai tempi di Roma, e imporre loro l'autorità imperiale.

– Cosa ne pensa Vostra Altezza di tutto questo?», chiesi al principe Napoleone.

– Questo non mi sorprende, caro professore. Sa qual era il soprannome di Francesco Bonaparte?

– Il figlio di Giovanni che ebbe il primo contatto con la Corsica? Il mercenario al servizio della Repubblica di Genova?

– Se stesso. Era soprannominato... «Il moro di Sarzana». Il Moro di Sarzane».

Questo è un altro modo di intendere la bandiera corsa: il moro non è solo il nemico secolare che devasta le coste della Corsica, ma talvolta anche colui che vi mette radici.

*

Gli antenati di Napoleone provenivano da quel lontano Oriente che ha dato i natali a grandi conquistatori come Alessandro, Artaserse, Maometto e così via... Questo spiega il suo fascino per l'Egitto? Il suo progetto di entrare al servizio del Gran Turco prima del 13 Vendemmia? La sua conquista di Malta?

Né completamente italiano né completamente francese, Napoleone era naturalmente destinato a regnare su entrambe le nazioni e a sostituire gli imperatori germanici al cui servizio i suoi antenati ghibellini si erano così spesso posti. Curare la corona di ferro dei Longobardi, sostituire gli Asburgo, appropriarsi del loro titolo di Re dei Romani, sposare la loro figlia e vassallare l'Europa, compresi i Paesi della Confederazione del Reno: questo era il programma del nuovo Carlo Magno.

Questo temperamento conquistatore e la scelta dell'imperium sono radicati nel suo atavismo. Jean-Claude Valla lo ha capito bene[37]:

> *Più volte Napoleone si è presentato come il successore di Carlo Magno... Eppure è proprio questa nostalgia dell'impero che permette di comprendere l'avventura napoleonica... Figlio indegno dell'Illuminismo,*

37. VALLA Jean-Claude, *La nostalgie de l'Empire, une relecture de l'histoire napoléonienne*, Dualpha, 2004.

Napoleone si è servito delle utopie del 1789 prima di cavalcare i miti che ne erano la più palese negazione.

In *Le Grand Empire*, Jean Tulard[38] conferma: «Il legame che unisce i Paesi non annessi ma dipendenti all'Imperatore non è né federale né federativo; è semplicemente vassallaggio: l'Imperatore è il suzerain dei re d'Europa. Il sistema familiare si inseriva perfettamente in questa concezione carolingia dell'Impero».

38. TULARD Jean, *Le Grand Empire*, Albin Michel, 1982.

8. Chi sono i discendenti di Marie Walewska?

La decifrazione del mtDNA di Napoleone è stata un buon inizio, ma si può affrontare anche il cromosoma Y e trarre conclusioni sui suoi discendenti diversi da Carlo? Questo cromosoma permette di certificare le filiazioni familiari e dinastiche, a prescindere dalle incertezze (non siete d'accordo, signore!) dello stato civile.

Prendiamo ad esempio il caso di Marie Walewska, «la moglie polacca di Napoleone». Marie Walewska nacque nel 1786 da una famiglia nobile polacca. Il padre di Marie, che si era arruolato nelle Legioni polacche, aveva partecipato all'insurrezione contro la Russia nel 1794. Ma questa portò alla terza spartizione della Polonia nel 1795, ed egli morì per il dolore e le ferite. La madre, rimasta vedova, assunse un precettore francese per educare la figlia,

Nicolas Chopin, padre del musicista. All'età di 14 anni entrò nel convento di Nostra Signora dell'Assunzione a Varsavia, dove ricevette una buona educazione familiare. A 17 anni sposò il conte Walewski, di famiglia illustre, un ciambellano settantenne, da cui ebbe un figlio. Marie era bella, gentile e modesta.

Nel 1806, Napoleone occupa la Polonia. Marie ha vent'anni e si presenta a un ballo organizzato da Talleyrand. Balla con l'imperatore. Il giorno dopo, Napoleone le inviò un gigantesco mazzo di fiori con una lettera: «Vi ho solo visto, vi ho solo ammirato, vi ho solo desiderato». Tutta Varsavia ne venne presto a conoscenza. Molti patrioti polacchi pensano che lei debba approfittare della situazione per perorare la causa della Polonia. Anche il marito accetta di chiudere un occhio. Marie si sacrifica a Moloch.

I due amanti trascorsero tre mesi insieme nel castello di Finckenstein. Sembra che fossero molto innamorati l'uno dell'altra. Maria invocò la patria, ma Napoleone oppose una tenue resistenza, accettando solo di fondare un Granducato di Varsavia. Il 4 maggio 1810 nacque dalla loro storia d'amore Alessandro, che sarebbe diventato il ministro degli Esteri di Napoleone III. Riconosciuto dal conte Walewski, Napoleone lo nominò conte e dotò riccamente la madre. Maria divorziò dal marito indebitato, pur essendo cattolica, per proteggere la fortuna del figlio. Si considerò sua moglie legittima fino alla sua morte. Poi, nel

1813, Marie si stabilì vicino a Parigi. Nel 1814 andò a trovare Napoleone all'isola d'Elba. Infine sposò il conte di Ornano, un lontano cugino di Napoleone. Morì all'età di 31 anni per una tossiemia durante l'ultima gravidanza.

Nelle sue *Memorie,* descrive la sua relazione con Napoleone come «un sacrificio fatto alla patria».

Al cimitero di Père-Lachaise, un'urna contiene ancora il suo cuore.

*

Il conte Walewski, suo figlio, fu una celebrità durante il Secondo Impero. Ebbe anche una famosa amante, la tragica Rachel.

Nata nel 1821 da una coppia di venditori ambulanti ebrei dell'Alsazia, Rachel si trasferisce a Parigi con i genitori. Figlia del ballo, abituata a recitare e a ballare davanti al pubblico, entra nel teatro francese all'età di 17 anni. Uno dei suoi primi ruoli fu quello di Camille nell'*Orazio* di Corneille. Fu un trionfo. L'estrosa Rachel divenne ricca e famosa.

Il bel principe di Joinville, che doveva andare a prendere le spoglie di Napoleone nel 1840, le inviò una lettera in cui aveva scritto proprio queste parole: «Dove, quando, quanto», a cui lei rispose: «Stasera, a casa mia, gratuitamente».

8. Chi sono i discendenti di Marie Walewska?

Walewski, che era diventato il suo amante abituale, arrivò una sera presto, con il cappotto fradicio e gelido. Poi, aspettandosi che fosse asciutto, se lo tolse da solo e, aprendo l'armadio dove era ad asciugare, trovò... un ussaro.

Il conte Walewski sarebbe il padre di un altro Alexandre, nato nel 1844. Rachel morì di tubercolosi all'età di 36 anni, una fine sfortunata e romantica che si addice a una tragedia. Fu un indiscutibile modello per Sarah Bernhardt. Il suo corpo riposa nella sezione ebraica del Père-Lachaise.

Da Alexandre in poi, la stirpe francese dei Walewski conduce all'attuale conte Alexandre Colonna Walewski. Per tre generazioni, i Walewski francesi sono stati coinvolti nell'industria meccanica e siderurgica. Oggi, il conte ha passato la sua attività ai figli, Touax SCA, una società che noleggia e gestisce attrezzature logistiche come i container, quotata all'Euronext e valutata 55 milioni di euro.

Qualche anno fa, al conte Walewski è stata rifiutata la registrazione del suo titolo presso il Sigillo di Francia, un atto amministrativo che garantisce contro le usurpazioni. Con sua grande delusione, nonostante un ricorso, il Consiglio di Stato (nel 2012) gli ha dato torto, basando la sua decisione sul Codice Civile del 1812, sul fatto che il suo antenato, l'amante di Rachel, aveva avuto un solo figlio naturale. Il conte, incredulo, protestò perché il suo antenato Alexandre, Antoine, era stato riconosciuto, anche se in ritardo, ma non se ne fece nulla. Era ancora scosso dalla delusione quando lo incontrai e mi invitò a casa sua.

*

Il conte si interessò subito ai miei primi lavori, di cui aveva sentito parlare in precedenza. Coltivando la discrezione (e la prudenza, si era informato attentamente su di me), mi ricevette con la moglie nel suo appartamento di Neuilly con una semplicità davvero affascinante. Probabilmente era giustamente infastidito dal fatto che il titolo ereditato dal suo glorioso antenato fosse messo in discussione, ma vedeva come una compensazione il fatto di poter stabilire geneticamente la sua filiazione. Ho appreso da lui la storia dei Walewski francesi, che hanno poco in comune con i Walewski polacchi. Il conte ha un blog sull'argomento[39]. Il ramo francese è composto da capitani d'industria, come ne aveva tanti il Secondo Impero.

Ho poi dimostrato che Carlo Bonaparte e il conte Walewski condividevano praticamente lo stesso aplogruppo. Confrontando i cromosomi Y di due lontani cugini che condividono lo stesso antenato, Carlo Bonaparte (padre di Napoleone), senza però condividere le stesse scelte politiche, mi sono posto un duplice obiettivo: stabilire la

39. colonnawalewski.ch

discendenza dei Walewski, dato che gli eccessi sessuali di Rachel ci preoccupavano, e cercare di ricostituire i marcatori Y-STR del cromosoma Y di Napoleone [I].

Ho rinominato i miei due soggetti CN e ACW, per Charles Napoléon e Alexandre Colonna Walewski. Due grandi nomi della storia ridotti alle iniziali di una targa: la scienza non ha rispetto per nulla!

Esaminando la parte non ricombinante del loro cromosoma Y, ho potuto studiare un centinaio di Y-STR o *Y-short tandem repeats,* in francese *sequenze microsatelliti*[40]. Queste sequenze sono costituite da motivi di ripetizione identici sul cromosoma, generalmente lunghi da 2 a 4 nucleotidi.

Le sequenze microsatelliti possono esistere in diverse forme alleliche: lo abbiamo già visto nel profilo Y-STR di Charles-Napoléon. Questi diversi valori allelici sono caratterizzati da numeri corrispondenti al numero di ripetizioni di motivi identici: una sorta di DNA stutter!

Per ricordare che cos'è l'allele di un gene, prenderò un esempio ben noto, quello dei gruppi sanguigni ABO, determinati da un gene sul cromosoma 9. Questo gene può assumere la forma dell'allele A o dell'allele B, determinando la formazione sulla superficie del globulo rosso di marcatori antigenici noti come A, B o nessuno, che vengono poi

---

40. LUCOTTE Gérard, MACÉ Jacques, HRECHDAKIAN Peter, «Reconstruction of the Lineage Y Chromosome Haplotype of Napoleon the First», *International Journal of Sciences*, settembre 2013, vol. 2(9), p. 127-139.

etichettati con la lettera O. Uno dei due alleli proviene dal padre e l'altro dalla madre. Se gli alleli sono A/A o A/O, il gruppo sanguigno è A. Se gli alleli sono B/B o B/O, il gruppo sanguigno è B. Se gli alleli sono A/B o B/O, il gruppo sanguigno è B. Se gli alleli sono A/B, il gruppo sanguigno è B. Se gli alleli sono A/B, il gruppo sanguigno sarà AB e se gli alleli non sono né A né B, il gruppo sanguigno sarà O.

*

Tuttavia, le sequenze microsatelliti presentano valori allelici simili in CN e ACW in 131 casi e valori diversi solo in 6 casi.

Conclusione: Carlo Napoleone e Alexandre Colonna Walewski sono troppo simili per non avere un antenato comune. Rachel non ha tradito il suo amante e il conte Walewski è un discendente di Napoleone, anche se discende da due figli illegittimi, ha tutto il diritto morale di fregiarsi del titolo di conte che l'imperatore ha conferito al suo antenato.

E abbiamo festeggiato questa buona notizia bevendo succo d'arancia versato dalle mani della Contessa stessa. Dal confronto dei 133 valori allelici delle sequenze microsatelliti tra CN e ACW, è stato possibile dedurre quelli di Napoleone, di cui solo 3 erano noti in precedenza.

*

Il penetrante sguardo blu di Alexandre durante i nostri colloqui mi ha spinto in seguito a intraprendere un nuovo studio su una ciocca di capelli di Napoleone raccolta nel 1811 e fornita dal famoso collezionista belga Pierre d'Harville (un eminente specialista di Napoleone I per oltre trent'anni). Ho utilizzato la forfora che ricopriva questi capelli per studiare il gene che codifica il colore degli occhi e quelli che determinano il colore dei capelli e della pelle[41]. La forfora non è una cellula della pelle, ma una grande cellula la cui proliferazione è causata da batteri. Dai loro nuclei si può estrarre più DNA che dai capelli stessi, rendendo possibile lo studio di altri geni[42].

Napoleone aveva la pelle bianca, gli occhi chiari (blu o piuttosto azzurri) e i capelli biondi con sfumature rossastre (vedi figure 12 e 13 in appendice). Queste lentiggini sono già visibili al microscopio ottico. I capelli della ciocca del 1811 sono rossastri e fini, con un diametro medio di 55 μ.

---

41. LUCOTTE Gérard, MACÉ Jacques, THOMASSET Thierry, «Napoleone I°, un còrso con pelle chiara, occhi chiari e capelli rossi: prove del DNA per questi tratti fenotipici», *International Journal of Sciences*, vol. 10, luglio 2021, pagg. 1-5.
42. LUCOTTE Gérard, BOUIN WILKINSON Alexandra, «An autosomal STR profile of Napoleon the First», *Open journal of Genetics*, vol. 4, 2014, p. 292-299.

*

Ho parlato con Nicole Garnier, conservatrice del Musée Condé di Chantilly, dell'aspetto fisico di Napoleone, che molti immaginano come un còrso di tipo mediterraneo con occhi castani, capelli scuri e carnagione bruna. Il quadro più interessante, dal punto di vista dell'accuratezza storica, è quello di François Gérard, dipinto nel 1803 dal vero secondo Nicole Garnier: il Primo Console è pallido, con occhi azzurri e capelli rossicci (vedi figura 14 in appendice). Denis Davydov, che lo incontrò a Tilsit nel 1807, e Lord Lyttleton, nel 1815, attestarono questa lentiggine.

Napoleone probabilmente usava la tintura per scurire i capelli e ridurre le lentiggini. Verso la fine della sua vita a Sant'Elena, si trascurò e non si tinse più i capelli, da cui certe caricature inglesi che lo ritraggono con i capelli rossi.

9. Discendenti di Luciano Bonaparte negli Stati Uniti!

Conosce Peter Hrechdakian? Probabilmente no. Ma è molto conosciuto nella comunità armena. Questo produttore di fertilizzanti presiede le sorti di Unifert Group SA, con sede a Bruxelles. Hrechdakian è appassionato di storia e tradizioni armene. È stato lui a mettermi sulle tracce di Mike Clovis[43 44 45].

Mike Clovis è un cittadino americano. È il quinto discendente di Luciano Bonaparte, fratello minore di Napoleone.

---

43. Lucotte Gérard, Macé Jacques, Hrechdakian Peter, «Reconstruction of the Lineage Y Chromosome Haplotype of Napoleon the First», *International Journal of Sciences*, vol. 2(9), settembre 2013, pp. 127-139.
44. Lucotte Gérard, Hrechdakian Peter, «New Advances Reconstructing the Y Chromosome Haplotype of Napoleon the First based on three of his living descendants», *Journal of Molecular Biology Research*, vol. 5(1), 2015, pp. 1-10.
45. Lucotte Gérard, Hrechdakian Peter, Savard Denis, «Towards a full-length Y-Chromosome DNA Sequence of Napoleon the First: beyond the E-M34 SNP subhaplogroup», *Austin journal of genetics and genomic research*, vol. 2(2), 2015, p. 1-4.

Lucien, sei anni più giovane di Napoleone, condivideva con il fratello maggiore la passione per la politica. Lucien era incontrollabile: nel 1794 aveva sposato la figlia della sua locandiera, Christine Boyer, senza il permesso della sua famiglia. Il suo ruolo nel successo del 18 brumaio fu decisivo: presiedette il Conseil des Cinq-Cents. Divenne Ministro degli Interni nel 1799 e rimase vedovo nel 1800. Una delle sue principali missioni nel 1799 fu quella di falsificare i risultati del plebiscito sulla costituzione dell'anno VIII. Luciano fu nominato ambasciatore in Spagna, una missione in cui non sempre rispettò le sue istruzioni. Poiché il fratello era senza figli, si riteneva autorizzato a succedergli, soprattutto su un trono che aveva contribuito a conquistare. Nel 1803 sposò Alexandrine Jacob de Bleschamp, nonostante Napoleone volesse fargli sposare la regina d'Etruria. Lasciò Parigi nel 1804, dopo un'ultima burrascosa discussione con il fratello. Nel 1807 rifiuta di divorziare dalla moglie. Mentre cerca di raggiungere l'America, viene arrestato dagli inglesi, che lo trattengono per tre anni. Nel 1814 tornò a Roma, dove il Papa lo nominò Principe di Canino. Nel 1815 si riconciliò *in extremis* con Napoleone e propose una dittatura di salvezza pubblica. La proposta si rivelò infruttuosa.

Dal primo matrimonio Lucien ebbe solo figlie, mentre il secondo fu molto prolifico; ebbe, tra gli altri, Louis-Lucien, nato nel 1813 a Thorngrowe, in Inghilterra. *Il Dictionnaire Napoléon* indica che sposò la figlia dello scultore Cecchi nel 1833 e che si separarono nel 1850 senza lasciare figli.

Ebbene, non è vero! Il figlio di Louis-Lucien Bonaparte era Louis Clavering Bonaparte (1859-1894), a sua volta padre di Valentine (!?) Clavering George Clovis (1883-1979), padre di Cyril Abel Clovis (1925-2009), padre di Mike Clovis nato nel 1948.

Il nostro studio mostra che il profilo Y-STRs di Mike Clovis (MK) condivide 93 valori allelici con quelli di CN e ACW, mentre 7 valori differiscono[46].

*

Ci sono uomini con un cromosoma Y simile a quello di Napoleone a Sarzane, in Italia[47]? Come abbiamo visto, Sarzane, sulle rive del fiume Magra vicino a La Spezia, è la città natale dei Bonaparte. Uno studio sulla distribuzione dei marcatori SNP in Italia, condotto dal collega Marco Grappi, ha dimostrato che in questa regione ci sono tre individui identificati come M34. Portare il marcatore M34 significa essere in qualche modo imparentati con Napoleone. Uno di loro, l'Abbé *Cipollini*, la cui ascendenza può essere

---

46. Lo studio del DNA delle pelli dello stoppino del 1811 ha permesso di determinare 18 valori allelici per il profilo Y-STRs di Napoleone. Sono comparsi marcatori specifici del lignaggio: DYS545 per Jérôme, DYS442 nella linea di Lucien e DYS712 e DYS481 per Napoleone a seconda della linea diretta studiata da Alexandre Walewski.
47. LUCOTTE Gérard, GRASSI Marco, «Sarzane et le profil ADN de Napoléon», *Napoléon Ier*, hors-série n. 31, dicembre 2019, p. 89-95.

fatta risalire a quindici generazioni fa, è stato confrontato con Mike Clovis, Charles Napoléon e Alexandre Colonna Walewski (si veda la Figura 15 in appendice). La percentuale di omologia è dell'88,7% per 106 marcatori con Mike Clovis. Lo stesso vale per *J. Pennuci* e *A. Arrighi*: 83,8% e 75% di omologia con Mike Clovis, ma solo su 37 marcatori.

Questi tre sudditi italiani discendevano quindi da famiglie alleate a quelle di Bonaparte. Dalla storia sappiamo che all'inizio del XVI secolo un centinaio di famiglie, soprattutto di Sarzane, furono inviate dalla terraferma per popolare Ajaccio[48].

48. Nel 2013, l'azienda americana Family Tree DNA (ftDNA), con la quale collaboro regolarmente, ha proposto una tecnologia che consiste nel sequenziamento dell'intero DNA del cromosoma Y. Questa tecnologia è stata utilizzata per il cromosoma Y di Mike Clovis.È elencato nel database corrispondente con la sigla E-PH3893. È stato ottenuto il 55,25% della sua sequenza cromosomica ed è stato determinato il numero di valori allelici dei marcatori STRs nel suo profilo, per un totale di 491 marcatori. Tutte le varianti SNP e i valori allelici del profilo Y-STRs determinati nei miei studi precedenti sono stati confermati. In primo luogo, la sequenza del cromosoma Y di Mike Clovis è stata confrontata con quella di altri quattro individui (già presenti nella banca, con sequenze Y simili).Il confronto si è poi concentrato sulle sequenze del cromosoma Y di Mike Clovis e Carlo Cipollini. Le loro sequenze, designate rispettivamente YF03109 e Y-F11420, appartengono allo stesso gruppo di E-PH3893, che comprende altri due individui - un armeno e un russo - che nel frattempo sono stati studiati). Mike Clovis e Carlo Cipollini condividono le mutazioni Y59556, Y 58897 e BY36877/Y135092, oltre a 5 SNP aggiuntivi. Un riassunto di queste determinazioni è riportato sopra.È possibile stimare la data di origine della discendenza comune tra Mike Clovis e C.Cipollini a 2.900 anni fa. Gli antenati comuni più vicini di Clovis e Cipollini sono vissuti circa 1.050 anni fa.

In Francia, il picco di frequenza del marcatore M34 nel mio studio su 111 individui di Ajaccio è stato dell'8,1%.

Se vi sedete sulla terrazza del Grand Café di Ajaccio, avrete visto passare dodici persone, una delle quali imparentata con Napoleone.

10. Napoleone III era figlio di suo padre? Era il nipote di suo zio?

Analizziamo ora il caso del futuro Napoleone III, nato nel 1808 da Luigi Bonaparte, re d'Olanda, e Hortense de Beauharnais. Il parto, effettuato da due rinomati medici dell'epoca, Baudelocque e Corvisart, fu seguito da un certificato che attestava che il bambino era nato prematuro. Meno di nove mesi prima, Luigi e Hortense si erano incontrati di nuovo a Tolosa e Hortense aveva scritto al fratello di essere rimasta incinta in quella data.

Questa nascita diede adito a molti pettegolezzi all'epoca e furono sollevati dubbi sulla legittimità della discendenza di Luigi Bonaparte. Jérôme, lo zio del futuro Napoleone III, gli disse una volta:

– Non sei affatto come Bonaparte.

Rispose con freddo umorismo:

– Sì, ce l'ho. Ho la sua famiglia.

Tuttavia, il padre Luigi aveva pochi dubbi sulla sua paternità e nel suo testamento scrisse: «Lascio tutta la mia eredità al mio erede universale, Luigi-Napoléon, l'unico figlio che mi è rimasto».

*

Ora vi parlerò di un lavoro che ho tenuto in occasione di una conferenza a Les Invalides, ai rappresentanti del Souvenir napoléonien, *e che è* stato poi oggetto di un articolo molto citato su *Le Figaro*[49].

Quando ho studiato la forfora di una ciocca di capelli di Napoleone III fornita da Pierre d'Harville e prelevata dopo Sedan, durante la sua prigionia, non ho trovato l'aplotipo o l'aplogruppo di Napoleone che ho già descritto, ma un altro aplotipo[50], tipicamente corso-sardo: l'aplotipo XII. Ho trovato questo aplotipo nella forfora di un'altra ciocca di capelli del principe Eugenio, figlio di Napoleone III,

49. MALLEVOÜE Delphine (de), «Et si Napoléon III n'était pas le neveu de l'Empereur?», *Le Figaro*, 25 aprile 2014.

50. LUCOTTE Gérard, PINNA Antoine, MERCIER Géraldine, «Haplotypes du chromosome Y en Corse», *Comptes rendus Biologies*, Académie des Sciences, vol. 325, 2002, p. 191-196.

anch'essa fornita da Pierre d'Harville. Riguarda il 40% dei Corsi: 36 individui su 89 nella regione di Corte.

Paradossalmente, Napoleone III ha un aplotipo Y corso, mentre Napoleone I ha un aplotipo Y mediorientale.

Dilemma: come spiegare che Napoleone I non era lo zio di Napoleone III? O Re Luigi non è il padre biologico di Napoleone III, o il padre di Luigi non è Carlo, il marito di Letizia. O Hortense ha tradito il marito o Letizia ha tradito il marito.

Per prendere una decisione, era necessario determinare l'aplotipo di Luigi e quindi prelevare un campione dal suo corpo. Luigi morì il 25 luglio 1846 a Livorno. Il suo corpo e quello del figlio Napoleone-Luigi (morto a Forlì nel 1831) furono rimpatriati dall'Italia e riposano accanto a Carlo Bonaparte, padre di Napoleone I, e a Napoleone-Charles, il primo figlio di Luigi morto giovane nel 1807, nella chiesa di Saint-Leu-Saint-Gilles a Saint-Leu-la-Forêt, che fino al 1915 si chiamava Saint-Leu-Taverny.

Jacques Macé, allora presidente del *Souvenir Napoléonien*, presentò una richiesta alle autorità municipali, ma non ricevette alcuna risposta positiva. Siamo quindi ridotti a fare congetture.

L'aplotipo XII è altamente specifico di un'area geografica. Il padre di Louis era probabilmente un corso dell'isola. Dove l'avrebbe conosciuto Hortense?

10. Napoleone III era figlio di suo padre? Era il nipote di suo zio?

Nelle sue *Memorie,* Hortense è sincera. Il 22 agosto, parlando della riunione a Tolosa, si confida con il fratello, al quale racconta tutto:

> *Sto con il Re e ci troviamo bene insieme. Non so se durerà. Lo spero, perché lui vuole essere migliore per me e voi sapete che non ho fatto nulla di male.* Infine, Luigi non assomiglia affatto ai suoi fratelli.

Questi sono i tre motivi per cui opto per l'altra soluzione: che Napoleone III sia effettivamente figlio di Luigi (cosa di cui molti dubitavano durante il Secondo Impero), ma che Luigi sia solo fratellastro di Napoleone. Il loro unico antenato comune era Letizia Ramolino. Fu lei ad avere un figlio illegittimo, non la regina Hortense.

La reputazione di Letizia come donna del dovere è un po' intaccata, ma la verità storica ne beneficia. Come diceva Leonardo da Vinci: «La verità è sempre migliore, per quanto scarna possa essere».

*

Questo significa che possiamo considerare il padre di Luigi come Marbeuf, il governatore dell'isola? Letizia non portò con sé il ritratto di Marbeuf quando fu espulsa dalla Corsica nel 1793? Non credo: Louis, Charles, René de

Marbeuf erano bretoni. Napoleone aveva i capelli biondi tendenti al rosso, come si può vedere in un dipinto di Bacler d'Albe e in uno di Gérard, ma ciò era dovuto a una mutazione nel gene MC1R chiamata D294 H. Tuttavia, le popolazioni celtiche (ad esempio in Irlanda), quando hanno i capelli rossi, sono generalmente portatrici di un'altra mutazione chiamata R160W.

11. L'IMPERATORE È STATO EVIRATO?

Tra i beni di Antommarchi vi erano anche alcuni resti corporei di Napoleone; per un medico si trattava di interessanti campioni anatomopatologici, per i compagni di sventura di Napoleone erano reliquie. Una di esse, con ornamenti liturgici e un lascito di 100.000 franchi, andò all'Abbé Vignali. Napoleone era molto affezionato a questo rozzo sacerdote corso. Vignali era un dottore in medicina, motivo per cui Antommarchi lo assunse come segretario durante l'autopsia.

Ecco cosa disse il mamelucco Ali nelle sue *Memorie*: «Il lenzuolo su cui era stata appena eseguita l'operazione era macchiato di sangue in molti punti, fu tagliato dalla maggior parte dei presenti e ognuno ne ebbe un pezzo, gli inglesi ne presero la maggior parte». Questa osservazione è interessante; dimostra che tutti i presenti erano consapevoli di vivere un momento storico e volevano conservare una reliquia dell'evento.

«Prima di ricucire il corpo, Antommarchi, cogliendo il momento in cui gli occhi inglesi non erano fissi sul cadavere, estrasse da una costola due piccoli pezzi che consegnò a Vignali e Coursault»[51]. Così facendo, Antommarchi donò una reliquia all'abate Vignali come riconoscimento per il disturbo che si era preso nell'allestire il segretariato.

Questo frammento anatomopatologico rimase alla famiglia Vignali fino al 1916, quando fu venduto all'antiquario inglese Maggs Bros. Nel 1924 divenne proprietà del collezionista americano Abraham Simon Wolf Rosenbach (1876-1952) per 400 sterline. Rosenbach lo aveva acquistato come «tendine mummificato prelevato dal corpo di Napoleone durante l'autopsia», sulla base del testo di Louis-Étienne Saint-Denis (1788-1856), noto come Mamelouk Ali.

*

Nel 1927 l'opera fu esposta al Museum of French Art di New York. Stranamente, iniziò a circolare la voce che si trattasse di un pene, e la mostra ebbe un grande successo tra il pubblico femminile, che fece fatica a trattenere le risate,

51. Mamelouk Ali, «Mémoires», *Revue des Deux Mondes*, settembre 1921, p. 640.

o almeno così affermò la stampa dell'epoca. L'opera fu venduta al bibliofilo Donald Frizell Hyde (1909-1966), poi ai successori di Rosenbach, prima di passare nelle mani del collezionista Bruce Gilmeson, che tentò di venderla nel 1972. Tuttavia, solo il 26 ottobre 1977 fu acquistato per 3.000 dollari a Drouot dall'urologo americano John Kingsley Lattimer.

*

Lattimer aveva una passione per i cimeli militari e storici. Era stato responsabile della salute dei criminali di guerra processati a Norimberga nel 1946 e aveva conservato alcune corde di famosi boia. Nel 1963 partecipò anche alle indagini sull'assassinio di Kennedy e conservò un pezzo di stoffa dell'auto in cui il presidente americano si accasciò. Lattimer raccontava ai suoi amici che Antommarchi si era vendicato per i maltrattamenti ricevuti da Napoleone, che riteneva il suo servizio scadente. Viveva a Englewood, nel New Jersey, e aveva nascosto con cura la moneta sotto il letto, in una scatola foderata di velluto blu e sormontata da un coperchio con una N coronata. Sosteneva di averla esaminata con una TAC, che i raggi X avevano confermato che si trattava effettivamente di un pene e che era deciso a dimostrarlo, qualora il governo francese gli avesse permesso di andare a controllare a Les

Invalides se il corpo di Napoleone mancasse di qualcosa. Come si fa a non credere a un professore di urologia della Columbia University? Per quanto mi riguarda, non riesco a capire quali informazioni interessanti possa fornire una TAC sui tessuti molli e quali informazioni possano darci le radiografie in termini di analisi istologica. Nel 2016, l'opera è stata rivenduta dalla figlia a un «misterioso acquirente argentino», come ha rilevato Le *Quotidien du Médecin* in un suo articolo del 23 giugno.

*

Questo misterioso «argentino», in realtà colombiano, era il signor B. Cao, un direttore di museo che agiva per conto del signor Sou Mong, un milionario cinese con passaporto americano. Il signor Sou Mong aveva firmato un assegno con cifre sufficienti a vincere la riluttanza della figlia del professor Lattimer. Poi, pienamente consapevole del mio lavoro (nel 2018), volle mettersi in contatto con me. Una domanda lo assillava: il pezzo della collezione Vignali era autentico? Era un pene? Qualcuno aveva osato evirare il più grande stratega di tutti i tempi, il padrone del mondo, l'uomo che Clausewitz aveva definito «il dio della guerra in persona»?

*

Il «pene» era sistemato in una bella scatola a due scomparti (Figura 16 in appendice), con una N ornata da una corona d'oro, realizzata da Sangorski & Sutcliffe: in uno scomparto c'era il campione anatomopatologico, nell'altro due buste contenenti quelli che sembravano essere peli, che in seguito ho avuto modo di studiare. Il signor B. Cao mi ha inviato tre frammenti del cosiddetto pene (Figura 17 in appendice) da analizzare.

Ho iniziato ad esaminarlo con un microscopio elettronico a scansione, che è in grado di utilizzare i raggi X per analizzare lo spettro atomico dell'immagine punto per punto. Contemporaneamente ho estratto il DNA e l'ho amplificato con la PCR. Il prodotto è stato purificato su un gel di agarosio e sequenziato (per la regione ipervariabile 1 del DNA mitocondriale). Questi campioni mostravano striature longitudinali, tipiche delle cellule muscolari (vedi figura 18 in appendice). Erano ricchi di calcio e fosforo (vedi figura 19 in appendice). **Si trattava quindi di cartilagine o tendine**, non di pene. Il sequenziamento ha anche rivelato la caratteristica mutazione 16184T nei frammenti A e B. In conclusione, un autentico resto dell'Imperatore, ma un tendine e non un pene.

Vignali aveva ereditato queste reliquie e il discendente di sua sorella le aveva vendute nel 1916. Il catalogo Maggs Bros lo descriveva come «un tendine mummificato», e questa era la verità. Un altro campione è tornato a Coursault e si trova ora al Musée de la Malmaison in un cilindro di vetro, che ho potuto esaminare e fotografare.

Il mio articolo sull'argomento è apparso nel 2022[52] e il signor Sou Mong è stato molto soddisfatto dei risultati del mio lavoro. L'ho visto di persona a Parigi nel marzo 2023; credo che voglia produrre un film documentario su Napoleone.

Avevo utilizzato entrambi i campioni per l'analisi del DNA. Avevo ancora il terzo, che avrei utilizzato per un nuovo studio. Avrebbe ribaltato tutto ciò che sapevamo con certezza sulle cause della morte di Napoleone.

---

52. Lucotte Gérard, Borensztajn Stéphan, «SEM-EDX e analisi del mtDNA del pene di Napoleone», *International Journal of Sciences*, vol. 11(5), maggio 2022, pagg. 15-21.

12. Napoleone fu esiliato in una terra malsana con l'intenzione di ucciderlo?

Dobbiamo innanzitutto verificare se l'isola di Sant'Elena fosse malsana all'inizio del XIX secolo.

Il dottor Barry E. O'Méara lo spiega nella sua *Relation des événements arrivés à Sainte-Hélène postérieure à la nomination de Sir Hudson Lowe au gouvernement de cette île,* pubblicata a Parigi nella sua traduzione francese nel 1819.

Ma chi era questo O'Meara? Nato nel 1786, quindi trentatreenne nel 1819, O'Meara fu assistente chirurgo del 62° reggimento di fanteria e poi chirurgo sul *Belérophon* che portò Napoleone a Sant'Elena. Assegnato come medico a Longwood, subì la prepotenza di Hudson Lowe per i rapporti sulla salute dell'Imperatore, che il governatore voleva controllare, e lasciò l'isola il 2 agosto 1818. Nel suo testamento si legge: «Colgo l'occasione per dichiarare che, con l'eccezione di alcuni errori insignificanti e involontari in *The Voice from Sainte-Helena,* il libro è una narrazione fedele del trattamento inflitto al grande uomo da Sir Hudson Lowe e dai suoi subordinati, e che ho persino soppresso alcuni fatti che, sebbene veri, avrebbero potuto essere considerati così esagerati da non essere presi in considerazione»[53]... Ora, nota O'Méara, l'isola soffriva di un problema di approvvigionamento idrico: «L'acqua portata a Longwood durante i due o tre mesi d'estate era estremamente torbida, densa e disgustosa; sono convinto che abbia contribuito in larga misura alla dissenteria così comune sull'isola. È così rara che i soldati del 66° Reggimento sono esausti nel tentativo di procurarsela, essendo costretti ad andare a prenderne un po' a una lega dal loro campo»[54]. Per molto tempo, Longwood rimase senza acqua se non quella portata in barili, trainati su un carro da cinesi, fino alla fine del 1819.

Ancora oggi, il sito web dell'Institut Pasteur raccomanda ai turisti che si recano a Sant'Elena per un lungo soggiorno

---

53. MARCHAND Joseph, *Mémoires,* pubblicato da Jean Bourguignon e Henry Lachouque, Tallandier, 1985, T. II, p. 405, tra le note.
54. O'Meara Barry E., *Relation des événements arrivent à Sainte-Hélène postérieurement à la nomination de Sir Hudson Lowe au gouvernement de cette île,* Chaumont jeune, 1819, p. 38.

di vaccinarsi contro l'epatite A e B. Non esiste un vaccino contro l'epatite E. Tuttavia, l'epatite A ed E si trasmettono per via orale bevendo acqua contaminata da feci. Se il virus dell'epatite è ancora presente sull'isola oggi, nonostante la costruzione di un sistema di approvvigionamento idrico, si può immaginare quali fossero le condizioni sanitarie di quasi due secoli fa!

Inoltre, Longwood pullulava di topi in misura inimmaginabile, perché la casa era costruita sul terreno, un'argilla gessosa coperta solo da un pavimento. Un giorno, l'imperatore prese il cappello e un topo scappò. I ratti e le loro pulci trasmettono molte malattie infettive: tifo, leptospirosi, peste, tularemia, febbre di Haverhil e così via.

O'Méara ha ispezionato i registri parrocchiali, che «dimostrano la verità di questa affermazione: mostrano che pochissime persone vivono oltre i quarantacinque anni»[55].

I francesi non erano gli unici interessati: «Affermo sul mio onore», continua O'Meara, «che 56 uomini del secondo battaglione del sessantaseiesimo reggimento, nei dodici o tredici mesi di permanenza a Sant'Elena, sono morti di dissenteria o epatite»[56].

E ancora: «In dodici o tredici mesi, un battaglione su 630 uomini ne ha persi 56, cioè uno su dodici; un tasso di

55. *Op. cit.* p. 74.
56. *Op. cit.* p. 61.

mortalità inaudito in nessuna delle nostre colonie, dove è solo di due su settantatré»[57].

Allo stesso modo, nel luglio 1817, Le *Conquérant* perse 110 uomini su 600 (più 107 marinai rispediti in Inghilterra).

Il 16 aprile 1817, Gourgaud annota che «negli ultimi sette giorni, quattro soldati sono morti di dissenteria»[58]. E il 28 aprile 1817: «In città ci sono molti malati; nell'accampamento sono morti diversi soldati»[59].

Inoltre, come spesso accade sulle isole, Sant'Elena ha un clima molto contrastante, a seconda che ci si trovi sopravento (umido) o sottovento (più secco). La residenza di Napoleone, Longwood, è esposta al vento, a 1800-2000 piedi sul livello del mare (circa 580 m). «Il termometro a Longwood registra 53° Farenheit (12° Celsius) fino a 80° (27° Celsius) all'ombra, 86° (30° Celsius) alle tre del pomeriggio quando il sole è a nord-ovest (siamo nell'emisfero sud).

L'unica vegetazione è la *Conyza Gummifera,* che offre poca ombra e attira le mosche. Gli alisei, molto umidi, soffiano costantemente da sud-est. Questa alternanza di temperatura e umidità fa sì che Napoleone sia perennemente raffreddato.

57. *Op. cit.* p. 74.
58. Gourgaud, *Journal intégral,* Perrin, 2019, p. 403.
59. *Ibidem,* p. 415.

O'Meara disse: «Se Lord Bathurst o Sir Hudson Lowe avessero voluto che Napoleone fosse ospitato in modo adeguato e piacevole come si può essere in questa misera isola, avrebbe dovuto essere ospitato nella casa di Plantation, che è la migliore, o avrebbe dovuto essere costruita per lui una casa a Rosemary Hall, o vicino alla casa del colonnello Smith, dove c'è ombra e acqua, e dove si è al riparo dal vento di sud-est»[60].

La Plantation House è una grande casa riparata dal vento, con un portico che si affaccia su un vasto prato circondato da boschi. Installare Napoleone a Plantation House, cioè nella residenza di Hudson Lowe, era la soluzione migliore. Lord Bathurst era contrario a questa soluzione, ma Lowe poteva scavalcarlo: «Avevo anche un potere discrezionale che potevo usare se necessario»[61]. Sant'Elena dista 7.500 km da Londra in linea d'aria, una traversata di due o tre mesi. Lowe non può affermare di non averci pensato, perché Napoleone gli fece scrivere da Montholon: «Se l'Imperatore fosse stato ospitato a Plantation House, dove ci sono begli alberi, acqua e giardini, sarebbe stato bene come questa misera isola può permettere»[62].

---

60. O'Meara Barry E., *Relation des événements arrivent à Sainte-Hélène postérieurement à la nomination de Sir Hudson Lowe au gouvernement de cette île,* Chaumont jeune, 1819, p. 235.
61. Lowe Hudson, *Memoriale di Sir Hudson Lowe: relativo alla prigionia di Napoleone a Sant'Elena,* p. 278.
62. *Ibidem,* p. 67.

Così come Ottaviano relegò Lepido nei pressi del monte Circum, sulla costa laziale infestata dalla febbre, nella speranza di liberare rapidamente la carica di *Pontifex maximus*, l'Inghilterra desiderava forse provocare la morte di Napoleone? Il Direttorio non stava forse deportando in massa i suoi oppositori nella Guyana francese, affinché la «ghigliottina secca» del clima e delle malattie tropicali potesse liberarli?

13. Per cosa e per mano di chi morì Napoleone?

Ci sono alcune ripetizioni del capitolo 3, ma come ha detto Rivarol, tra l'inconveniente di ripetersi e l'inconveniente di non essere chiari, non c'è bisogno di compromessi.

Antommarchi ebbe modo di esaminare Napoleone per la prima volta il 23 settembre 1819.

Dottore in filosofia e medicina all'Università di Pisa nel 1808, Antommarchi era originario di Capo Corso. Dottore in chirurgia nel 1812, fu nominato prosettore di anatomia presso l'Accademia di Pisa. Antommarchi ebbe modo di parlare con O'Méara a Londra, di raccogliere informazioni e di discutere il caso del suo paziente con numerosi colleghi inglesi. Giudicate inconsistenti e presuntuose, le sue *Memorie* sono incomplete, mancando la prima metà del 1820. Devo confessare di avere un debole per Antommarchi, un uomo che non ha avuto paura di attraversare gli oceani per curare Napoleone nonostante l'unanime disapprovazione di cui è stato oggetto. Contrariamente ai commenti accondiscendenti degli storici non medici, Antommarchi era un buon professionista, l'equivalente di quello che noi chiamiamo «prosettore di anatomia», un titolo lusinghiero dato ai futuri chirurghi ospedalieri.

*

Anche se Antommarchi a volte si limita al limite, quando si limita alla medicina è insostituibile. Nella sua prima recensione, osserva che:

> *La parte del lobo sinistro del fegato corrispondente alla regione epigastrica era come indurita, estremamente dolorosa alla pressione. La cistifellea era piena, resistente, sporgente all'esterno dell'ipocondrio destro, vicino alla cartilagine della terza falsa costola [...]. Napoleone avvertiva un estremo fastidio alla spalla destra. La respirazione diventava più difficile quando si esercitava una pressione perpendicolare allo scrobicolo (fossetta) del cuore. Lamentava anche un dolore di varia intensità che aveva colpito a lungo l'ipocondrio destro [...] Aveva nausea e vomito. [La minzione, sebbene frequente, era naturale. Ogni giorno si verificava un'abbondante sudorazione.*

Antommarchi ha notato anche una lingua sabbiosa, un polso lento a sessanta al minuto, congiuntive gialle, sovrappeso e tosse secca.

Il dottor John Stokoe, il 19 gennaio 1819, scrisse nel suo rapporto: «Sono ora convinto che questo viscere [il fegato] sia seriamente colpito». Per aver scritto questo, Lowe lo portò davanti al Consiglio di Guerra e lo fece radiare dai registri della Marina.

Antommarchi, di passaggio a Londra prima di salpare per Sant'Elena, aveva consultato i suoi colleghi inglesi, tra cui il venerabile James Curry che, dopo aver esaminato i rapporti di O'Méara e Stokoe, aveva concluso: «Napoleone soffre di epatite cronica», raccomandando l'uso di mercuriali, farmaci colagoghi che facilitano l'eliminazione della bile attraverso i dotti biliari.

Inoltre, il 10 ottobre 1819, Antommarchi visitò l'ospedale di James Town e annotò: «Non si trattava che di dissenteria, epatite acuta e cronica».

*

Ma Napoleone stesso suggerì un'altra possibilità: il 16 novembre 1819, Napoleone chiese ad Antommarchi del cancro allo stomaco. Pensava a suo padre Carlo, che era morto a Montpellier *di squirrosi* del piloro (un tumore canceroso difficile da palpare) a soli trentotto anni:

«Non crede che questo tipo di condizione si trasmetta con la vita?».

Il giorno dopo, Antommarchi lo trovò, con un libro di medicina in mano, «preoccupato, sognante... Napoleone temeva che soffrisse dell'afflizione che aveva portato suo padre alla tomba».

L'anno successivo fu un lungo susseguirsi di miglioramenti e peggioramenti, punteggiato da incidenti più o meno gravi: erisipela con danni alle articolazioni, scorbuto con danni alle gengive...

*

Nel luglio 1820, l'Imperatore pensò di essersi ripreso, ma dal settembre 1820 ricomparve il famoso dolore all'ipocondrio destro che si irradiava alla spalla (*frenico*, come sanno gli studenti di medicina del terzo anno) e, per sei mesi, lo stato di salute di Napoleone peggiorò. L'Imperatore era esausto per il ritorno di tutti questi sintomi, accompagnati da una stanchezza e da una sonnolenza invincibili. Le sue estremità erano fredde.

Il 22 ottobre ha pensato per un attimo di essere guarito, ma il 25 ottobre ha esclamato: «Sono alla fine della mia vita, lo sento, e non scherziamo».

Il 29 ottobre sono state evacuate feci abbastanza colorate. Se le feci appaiono così, è perché prima erano poco colorate, un argomento a favore della litiasi e contro l'epatite virale.

1 novembre: aumento del dolore al fegato. Ulteriore miglioramento transitorio.

Il 19 novembre si lamenta: «Il letto è diventato per me un luogo di delizie; non lo cambierei con tutti i troni del mondo». Che cambiamento! Come sono caduto! Io, la cui attività era sconfinata, la cui testa non dormiva mai! Sono sprofondato in un torpore letargico; devo fare uno sforzo quando voglio sollevare le palpebre. A volte dettavo su argomenti diversi a quattro o cinque segretarie, che lavoravano con la stessa velocità con cui riuscivo a parlare, ma allora ero Napoleone, ora non sono niente».

Il 22 gennaio 1821, «tutto ciò che è perduto ora lo sento, ma non ancora senza risorse». Tenta di fare esercizio fisico andando a cavallo. «Ora lo vedo [...] le forze mi stanno venendo meno, la natura non risponde più come un tempo alle richieste della mia volontà, gli scatti violenti non sono più adatti al mio corpo indebolito; ma raggiungerò lo scopo che voglio raggiungere con un esercizio moderato».

29 gennaio 1821: Napoleone si lamenta amaramente del suo medico: «... Antommarchi è ignorante, non è un uomo affidabile. Ripete quello che sente dire; questo è violare il primo dovere del suo stato, è mettere la testa a Madame Bertrand. [...], perché quest'uomo ha contro di sé il fatto

di essere un cattivo medico, di non capire le finezze, di non capire il francese»[63].

Il 9 febbraio, Montholon e Bertrand ottennero la grazia per Antommarchi, che Napoleone voleva espellere.

*

L'ultimo viaggio in carrozza avvenne il 17 marzo 1821; quello stesso giorno la febbre scoppiò. Non lo abbandonerà quasi mai per i restanti quarantotto giorni della sua vita.

19 marzo: dopo una breve tregua, tornano febbre e brividi.

20 marzo: «Dobbiamo prepararci alla sentenza fatale; tu, Hortense e io siamo destinati a subirla su questo brutto scoglio [...] noi tre ci incontreremo di nuovo sugli Champs-Élysées».

Il 25 marzo, la febbre si abbassò e «l'Imperatore parlava già di un'imminente guarigione». Napoleone disse allora al Gran Maresciallo Bertrand che Montholon era malato e che ammetteva di non potersi più occupare di lui; voleva che Vignali si occupasse di lui. Il Gran Maresciallo disse che l'Imperatore non poteva fare di meglio; che Vignali era in buona salute, un po' medico e un'eccellente infermiera[64].

---

63. MONTHOLON Charles-Tristan, *Récits de la captivité de l'empereur Napoléon à Sainte-Hélène*, tomo 9, 1847, p. 629.

64. Generale BERTRAND, *Cahiers de Sainte-Hélène*, Albin Michel, 1949, vol. 1, p. 119.

16 aprile: polso irregolare. Rinchiuso da due a quattro ore con Montholon e Marchand. Sembra che stia lavorando agli ultimi accordi. Chiama Vignali e passa tre quarti d'ora con lui[65].

L'Imperatore ha mandato a chiamare Vignali. Entra. Gli consegna i tre testamenti: «Ecco il mio testamento scritto a mano. Metti la tua firma e le tue braccia qui, oltre che sulle scatole». Vignali si inchina profondamente e va in camera da letto[66].

Avendo Vignali finito, l'Imperatore congedò il Gran Maresciallo e Vignali rimase con l'Imperatore. La sera, Napoleone disse a Montholon che Vignali aveva preso il testamento. Chiese cosa avesse da dire il Gran Maresciallo. «Niente, non ha detto una parola»[67].

21 aprile, Sabato Santo:

All'una di notte, «l'Imperatore, racconta Montholon, espresse il desiderio di parlare con l'Abbé Vignali e mi ordinò di mandarlo a chiamare, aggiungendo:

– Ci lascerai, ma tornerai non appena sarà uscito dalla mia stanza. Assicurati che nessuno sappia che l'ho visto ieri sera.»

65. *Op. cit.* p. 122.
66. *Op. cit.* p. 127.
67. *Op. cit.* p. 128.

Ho obbedito. L'Abbé Vignali rimase con l'Imperatore per un'ora[68] [...]. Alle sei era ancora addormentato quando Marchand venne a darmi il cambio.

Marchand: «Trovò abbastanza forza per alzarsi e passare tre ore, in parte dettando e in parte scrivendo [...]. All'una e mezza (del pomeriggio) chiamò l'abbé Vignali.

– Sapete, abate, cos'è una camera ardente?

– Sì, Sire.

– Ne avete servito qualcuno?

– Non c'è niente di tutto questo.

– Beh, fareste un torto al mio.

Lo stesso giorno, racconta Marchand, Napoleone disse «che voleva che i suoi ultimi giorni fossero come il resto della sua vita: l'abbé Vignali avrebbe detto la messa e recitato le preghiere delle Quarantore, e quando l'avrebbe fatto, avrebbe dovuto essere lasciato solo con lui».

22 aprile: l'imperatore ha detto messa. È il giorno di Pasqua.

Il dottor Arnott ha dei pazienti da visitare e non può venire a Messa.

Nel suo testamento, Napoleone dichiarò che sarebbe morto nella religione cattolica in cui era nato; dichiarò che prima della sua morte l'Abbé Vignali gli avrebbe dato

---

68. MONTHOLON Charles-Tristan, *Récits de la captivité de l'empereur Napoléon à Sainte-Hélène*, tomo 2, p. 528.

la comunione, l'estrema unzione e tutto ciò che si usa in questi casi; gli aveva chiesto se sapeva cosa doveva fare.

25 aprile: vomito di sangue nero misto a cibo.

26 aprile: Napoleone inizia a delirare. Vuoti di memoria. In precedenza, Napoleone non aveva mai delirato.

Il 27 aprile, Napoleone dettò la lettera che Montholon avrebbe dovuto inviare a Lowe per annunciare la sua morte.

28 aprile: Napoleone ordina ad Antommarchi di effettuare l'autopsia dopo la sua morte, di esaminare accuratamente lo stomaco e di fare un rapporto preciso al figlio. Nonostante la sua riluttanza, si cambia e prende il salone come camera da letto.

29 aprile: Montholon cerca di fargli firmare un ultimo documento. Non riesce più a vedere il Gran Maresciallo davanti a sé. Bertrand grida: «Ecco il grande Napoleone, miserabile, umile».

30 aprile: la scorsa notte l'Imperatore ha conservato la sua sanità mentale. Si è svegliato gridando: *Ah! ah! morte!* Disse a Montholon: «Amico mio, sono morto».

Non c'è più alcun pericolo immediato! Antommarchi aveva pensato di passare, dalle dieci alle undici[69].

1° maggio: alle 2 del pomeriggio la febbre si attenua.

Bertrand: «Il Gran Maresciallo uscì all'una e mezza e tornò alle due e mezza. L'Imperatore chiese dove fosse

69. *Op. cit.* p. 182.

stato. Nel frattempo, M. Vignali ha fatto alzare l'altare, si è trattenuto qualche istante da solo con l'Imperatore e gli ha dato l'estrema unzione.»

Antommarchi parla del 3 maggio, alle 2 del mattino: «La febbre sta calando. Ci siamo ritirati. Vignali rimase solo e ci raggiunse pochi istanti dopo nella stanza accanto, dove annunciò di aver somministrato il viatico all'Imperatore.»

Marchand: «Circa mezz'ora dopo, l'abate uscì e mi disse: 'L'imperatore è stato appena amministrato, lo stato del suo stomaco non permette nessun altro sacramento'».

Montholon: «Questa mattina, mentre lasciavo l'Imperatore dopo aver scritto sotto la sua dettatura per più di due ore, mi ha detto di mandargli Vignali; un'ora dopo, la cappella era allestita e il cappellano aveva iniziato le preghiere delle Quarantore[70].»

«Nel frattempo, il signor Vignali ha fatto erigere l'altare, ha trascorso alcuni momenti da solo con l'Imperatore e gli ha impartito l'estrema unzione.»

Sul tema della comunione, Ali e Marchand concordano nel raccontare l'invenzione dell'Abbé Vignali, chiamato al capezzale dell'Imperatore, ma Marchand precisa che l'Abbé «in abiti borghesi teneva sotto quello stesso abito qualcosa che cercava di nascondere e che io non ho cercato

70. Montholon Charles-Tristan, *Histoire de la captivité de Sainte-Hélène*, Brockhaus & Avenarius, 1846.

di indovinare, pensando che avesse appena compiuto un atto religioso».

Tuttavia, Napoleone voleva ricevere la comunione[71].

2 maggio: Napoleone ripete la raccomandazione di esaminare il suo stomaco e di confrontarlo con il referto dell'autopsia del padre. Il medico e i due generali sono esausti.

Bertrand: «Nel cuore della notte, Napoleone voleva alzarsi. Montholon e Vignali lo presero per un braccio. Poi Vignali lo lasciò, si mise in ginocchio e pregò»[72]. L'imperatore sospirò molto forte, con sforzo, e poi disse: «Mio Dio! Mio Dio! Mio Dio!». Il polso è salito a 108 (il paziente è probabilmente entrato in fibrillazione atriale).

Montholon congedò Vignali, mentre i medici, il Maréchal e Marchand erano in camera da letto. C'era ancora la serata da affrontare[73].

3 maggio: miglioramento di breve durata.

5 maggio: Vignali è presente con gli altri. I bambini irrompono nella sua stanza. Alle 5.49 Napoleone muore. Alle 10, padre Vignali recita alcune preghiere.

---

71. «Dernière conversation de Sainte-Hélène : l'Empereur commente son testament», *Revue des Deux Mondes*, XCVIIe année, septième période, tome 48, 1928, p. 849-875 /Grand Maréchal Bertrand, Ernest d'Hauterive.
72. *Op. cit.* p. 187.
73. Generale BERTRAND, *Cahiers de Sainte-Hélène*, Albin Michel, vol. 1, 1949, p. 188.

*

Napoleone e i francesi che lo accompagnavano non esageravano quando affermavano che l'imperatore era stato esiliato in un'isola malsana. Gli inglesi avevano tutto l'interesse a tenere in tasca la carta di Napoleone per piegare i Borboni, e Hudson Lowe aveva un interesse personale a mantenere il suo posto il più a lungo possibile. Ma Lowe era un funzionario insignificante, uno scrivano le cui idee erano limitate, che era terrorizzato da Lord Bathurst e che peggiorava le sue istruzioni con il suo zelo inopportuno e la sua mancanza di iniziativa.

*

L'autopsia del 1821, che concludeva che si trattava di una malattia dello stomaco, fu redatta in seguito a un compromesso con i medici inglesi, per minimizzare l'esistenza dell'epatite e ritardare il più possibile la pubblicazione della verità. Antommarchi si rifiutò di controfirmarla e, nelle sue *Memorie*, ristabilì la verità[74]:

> *La milza e il fegato indurito erano molto ingrossati e pieni di sangue; il tessuto epatico, di colore*

74. ANTOMMARCHI François (Dr), *Mémoires*, Barrois l'aîné, 1825.

bruno-rossastro, non mostrava cambiamenti strutturali degni di nota. La bile estremamente densa e grumosa riempiva e distendeva la cistifellea. Il fegato affetto da **epatite cronica** *era intimamente unito dalla sua superficie convessa al diaframma; l'adesione si estendeva per tutta la sua estensione, era forte, cellulare e vecchia.*

E questa verità era così evidente che Lowe o i suoi «tintori»[75] scrissero nel suo *Memoriale* (certo in parte discutibile dal punto di vista dell'autenticità): «Napoleone fu attaccato dall'epatite o malattia cronica del fegato, che aveva allora raggiunto il suo massimo livello di intensità. Secondo Beatson e M. Jennings, che hanno studiato in modo particolare la temperatura climatica di Sant'Elena, questa malattia è endemica a questa latitudine, e molto spesso fatale»[76].

*

È vero che le lesioni allo stomaco sono state confermate dall'autopsia, ma in assenza di un esame

75. Teinturier: negro, in letteratura, secondo Alexandre Dumas o porte-plume secondo il politically correct.
76. Lowe Hudson, *Mémorial relatif à la captivité de Napoléon à Sainte-Hélène*, L.Dureuil, 1830, p. 357.

anatomopatologico, che all'epoca non esisteva, è impossibile confermare formalmente la diagnosi di cancro allo stomaco, soprattutto perché Napoleone era ancora in sovrappeso. Inoltre, la durata della malattia dal 1816 al 1821, cioè cinque anni, è più coerente con l'epatite cronica che con il cancro allo stomaco, che ha una durata relativamente breve, circa dodici mesi.

Il punto più saliente dell'osservazione medica di O'Meara e Antommarchi è questo:

1. Napoleone morì dopo una lunga febbre, con brividi e sudorazione, che durò quarantotto giorni;
2. è morto con una subocclusione bassa.

Ricominciamo.

1. Se questa febbre di lunga durata è dovuta a una causa infettiva: ci sono solo tre possibili infezioni: endocardite, tubercolosi o brucellosi.

La brucellosi può spiegare l'epatosplenomegalia, ma è improbabile, poiché la contaminazione avviene quasi sempre attraverso il consumo di latte di bovini infetti. È noto che Napoleone odiava bere latte.

L'endocardite infettiva spiegherebbe perfettamente la sindrome infettiva e l'ittero con epatosplenomegalia, versamento pleurico ed edema degli arti inferiori. La via d'ingresso del germe era già pronta: i denti, che erano in uno stato deplorevole dopo lo scorbuto, o le vie urinarie.

Ma Antommarchi è stato chiaro: «Gli orifizi del cuore non presentano lesioni degne di nota». Certo, Osler non aveva ancora descritto l'endocardite infettiva acuta che oggi porta il suo nome e Laennec non aveva ancora gettato le basi dell'auscultazione cardiaca, ma sembra impossibile che un anatomista del calibro di Antommarchi non abbia visto vegetazioni sulle valvole cardiache.

Rimane la *tubercolosi*, ipotesi resa ancora più plausibile dal fatto che il medico ha notato un «lobo superiore (sinistro) punteggiato di tubercoli e qualche piccola escavazione tubercolare» con un versamento pleurico bilaterale di colore citrino (quindi infiammatorio). La tubercolosi può spiegare l'ingrossamento del fegato e della milza e la bassa occlusione da ileo funzionale, in quanto era presente un «essudato molle, trasparente e diffuso, che ricopriva l'intera estensione delle due parti solitamente contigue della superficie interna del peritoneo». Tuttavia, la lingua era sabbiosa. Rimane pulita nella tubercolosi.

Antommarchi notò, oltre all'ulcera perforata bloccata dal lobo sinistro del fegato, quindi guarita, un'ulcera cancerosa alla sommità della curvatura minore, ma anche questa epatite cronica che tutti si aspettavano di trovare. E anche in assenza di un esame anatomopatologico al microscopio, che è l'unico modo per decidere al giorno d'oggi, corrisponde così bene alla descrizione clinica, con il suo dolore all'ipocondrio destro che si irradia verso la spalla destra, che non c'è davvero motivo di esitare. Napoleone soffriva di un'epatite virale cronica e di un'affezione dello stomaco, cancerosa o tubercolare.

2. Secondo punto saliente: Napoleone morì per una bassa subocclusione con grave meteorismo addominale. Tuttavia, il danno allo stomaco non portò a un'intolleranza alimentare totale. L'autopsia ha dichiarato che «l'orifizio del piloro era in uno stato del tutto normale» e che l'»indurimento squirresco anulare» non ostacolava il passaggio del cibo. Non so perché il collega Jacques di Costanzo faccia riferimento a una perforazione dello stomaco, dato che ci sarebbe stata «una comunicazione tra la cavità dello stomaco e quella dell'addome se l'aderenza con il fegato non l'avesse impedita». Tuttavia, «l'adesione di questa parte [dello stomaco] al lobo sinistro del fegato ha bloccato l'apertura». Inoltre, se l'ulcera gastrica si fosse perforata, ci sarebbe stata una chiara contrattura addominale. Infine, un'occlusione bassa può essere spiegata solo da un ostacolo situato a partire o oltre il secondo digiuno, e le lesioni gastriche non possono spiegarla. Questa occlusione è quindi secondaria a un'infiammazione peritoneale diffusa e, poiché Antommarchi non ha trovato un ascesso, dobbiamo invocare un'infiammazione degli organi intraperitoneali: il fegato, lo stomaco o entrambi, oppure una perforazione intestinale. Vale la pena di notare il coinvolgimento dell'omento minore: «le ghiandole linfatiche

[...] situate lungo le curve dello stomaco [...] erano in parte gonfie, squinternate, alcune addirittura suppuranti».

Esistono tre ipotesi correlate:

1. leptospirosi trasmessa dai ratti. Provoca danni al fegato, febbre e splenomegalia, ma la durata della malattia è più breve;

2. angiocolite acuta, cioè un'infezione che ha origine nei dotti biliari. Il dottor Jacques di Costanzo ha insistito su questa ipotesi, che ben si accorda con il quadro clinico, ma il referto autoptico, pur menzionando una vescicola dilatata e piena di bile densa, non rileva alcun calcolo vescicolare. Costanzo ci dice che questo è possibile e noi gli crediamo prontamente, ma saremmo più tranquilli ad affermarlo nel caso opposto[77];

3. un'infezione delle vie urinarie superiori, perché c'è litiasi vescicale e l'urina è fangosa. In questo caso, però, il dolore della pielonefrite è chiaramente posteriore, nell'angolo costolombare. Inoltre, all'autopsia i reni erano normali.

*

77. Di Costanzo Jacques, «À propos des maladies de Napoléon à Sainte-Hélène : les pathologies digestives», *Revue du Souvenir napoléonien*, n. 433, febbraio-marzo 2001, p. 34-37.

I lettori ricorderanno che ho ricevuto tre campioni di tendine di Napoleone dal signor Sou Mong. Fu quindi utilizzato il frammento C. In che modo questo piccolo campione, apparentemente riccamente vascolarizzato, mi avrebbe aiutato a scoprire la verità?

Alcuni anni fa, per i laboratori Claude Lévy di Parigi, ho sviluppato un test PCR per identificare il DNA del virus dell'epatite B[78]. La microscopia del campione mostrava la presenza di vasi sanguigni (Figura 20). Ho consegnato il campione al tecnico di laboratorio:

Ecco un campione che non pesa quasi nulla», gli dissi, «ma che ha un enorme significato per la storia.

Anch'io ho il diritto di dire cose storiche.

Anche in questo caso è stata utilizzata la tecnica della PCR, con le consuete precauzioni. Risultato: Napoleone era positivo al virus dell'epatite B.

*

Non credo all'ipotesi del cancro a causa del sovrappeso dell'imperatore. Accetto la possibilità di un'angiocolite acuta. Forse una perforazione intestinale, anche se

78. LUCOTTE Gérard, GALZOT Pierre, Y LU Chen, BATHELIER Christian, C Thierry, «Detection of serum hepatitis B virus assay a nested polymerase chain reaction assay», *Molecular and Cellular Probes*, dicembre 8 (6), 1994, p. 437-440.

Antommarchi non ne parla. Probabilmente anche la tubercolosi polmonare si era riattivata. Ma non è meno vero che Napoleone era affetto da epatite virale cronica, secondo il parere convergente dei clinici che lo hanno avvicinato, Barry O'Meara, John Stokoe, Francesco Antommarchi: dolori tipici più volte descritti, comparsa all'autopsia, rivelatasi una volta svaniti i tentativi di intimidazione del governatore, presenza del virus dell'epatite B.

Fino alla fine, gli inglesi, nella persona di Hudson Lowe, cercarono – fino a privarlo di un medico e di cure mediche per mesi e mesi – sia di nascondere la realtà dei danni al fegato, sia di minimizzare la presenza endemica di dissenteria ed epatite cronica sull'isola di Sant'Elena.

Tutto questo mentre ospitavano il loro prigioniero nella parte più insalubre dell'isola, esposta agli alisei e senza acqua potabile.

Infine, se l'aneddoto raccontato dal professor René Leriche è esatto[79] (e non abbiamo motivo di dubitarne, anche se le prove sono scomparse durante il *Blitz*), sono direttamente responsabili.

*

79. Vox Maximilien, *Napoléon*, Le temps qui court, 1959.

Il giovane Bonaparte lo scrisse malinconicamente sulla parete della sua stanza all'École Militaire: «Tutto finisce sempre sotto terra».

Gli antivirali risalgono principalmente agli anni Ottanta. I primi farmaci antitubercolari sono comparsi dopo la Seconda Guerra Mondiale. Il cancro allo stomaco non era curabile all'epoca (e non lo è nemmeno oggi).

Epatite, cancro allo stomaco o tubercolosi, Napoleone era condannato a breve termine. Ma era questo un motivo per impedirgli di farsi curare? Per lasciarlo senza medico per nove mesi nel 1819?

*

«Muoio prematuramente, assassinato dall'oligarchia inglese e dal suo padrone», scrisse l'imperatore nel suo testamento.

Questa è esattamente la verità.

14. APPENDICI E DOCUMENTI

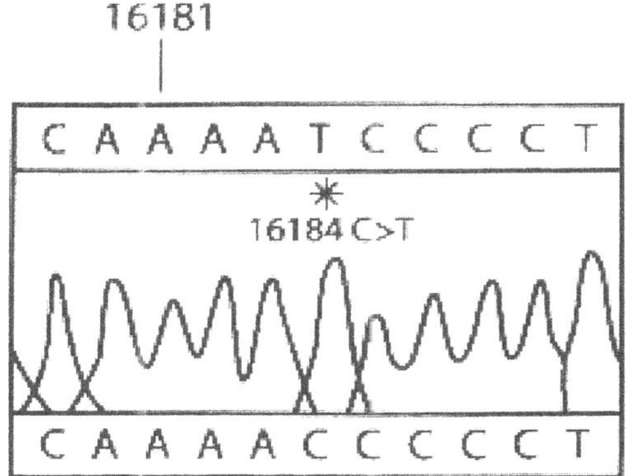

Figura 1: La mutazione 16184C->T, scoperta dal sequenziamento del DNA di una porzione della sequenza ipervariabile 1 del mtDNA di Napoleone. In questa porzione, l'allineamento delle basi del DNA è contrassegnato dalla posizione 16181, con l'allineamento inferiore che rappresenta la sequenza di basi normale e l'allineamento superiore che rappresenta la sequenza della mutazione. I picchi della sequenza da C a T sono visibili, così come quello della base T nella sequenza mutante.

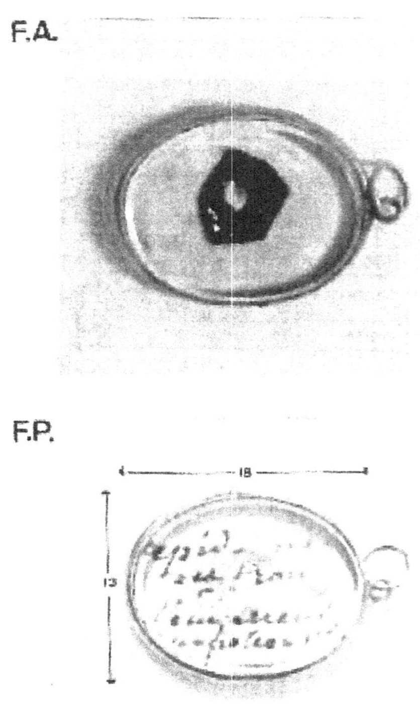

Figura 2: Fotografie delle superfici anteriore (F.A.) e posteriore (F.P.) del medaglione del dottor Guillard. La scritta è visibile sulla superficie posteriore (dimensioni: 18 e 13 mm). L'epidermide biancastra è visibile sulla superficie anteriore; è stata depositata su un piccolo pezzo nero per migliorare il contrasto.

Figura 3: fotografie al microscopio elettronico a scansione di una porzione di capelli di Napoleone (ingrandimento × 30.000) *in alto*, e di sua madre (ingrandimento × 1.000) *nella pagina successiva*; le scaglie, disposte in file trasversali, sono chiaramente visibili. Sotto ogni fotografia sono riportati gli spettri EDX risultanti dall'analisi di microfluorescenza a raggi X, presi dalla parte centrale del capello (cerchio). Ogni spettro è rappresentato sotto forma di distribuzione di valori, dove i picchi corrispondono all'intensità del segnale e alla caratterizzazione (in kilobasi) sull'asse orizzontale di ciascun elemento.

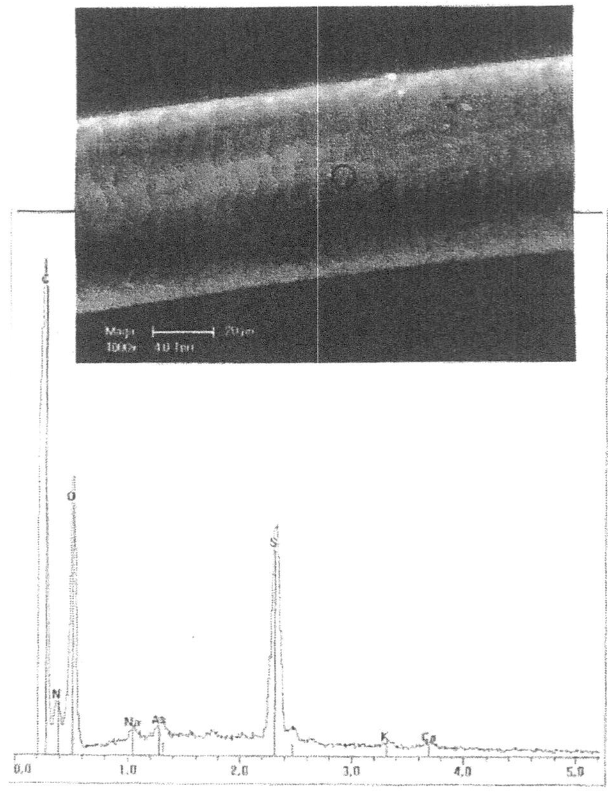

Figura 3 (continua): Entrambi gli spettri mostrano picchi di carbonio (C), azoto (N) e ossigeno (O), corrispondenti alla materia organica del capello; zolfo (S), corrispondente ai ponti disolfuro della cheratina del capello; e piccoli picchi corrispondenti a tracce di sodio (Na), cloro (Cl), potassio (K) e calcio (Ca). Solo lo spettro dei capelli della madre di Napoleone contiene arsenico (As).

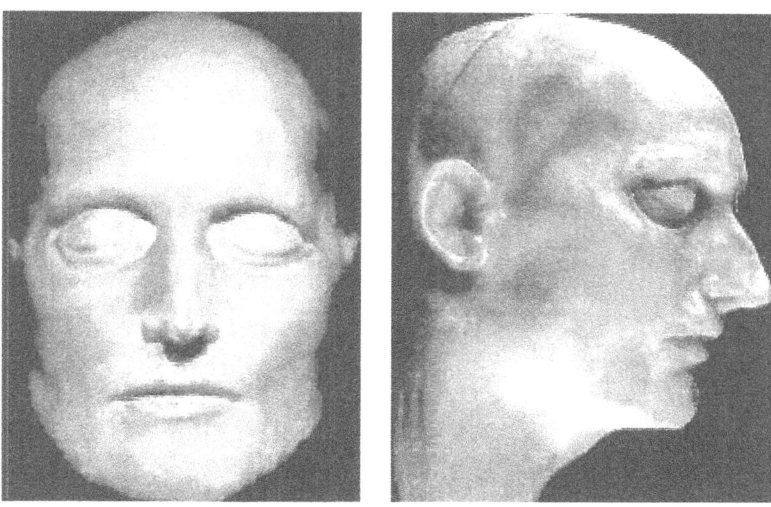

Figura 4: Fotografie (profilo anteriore e destro) della maschera Noverraz 2.

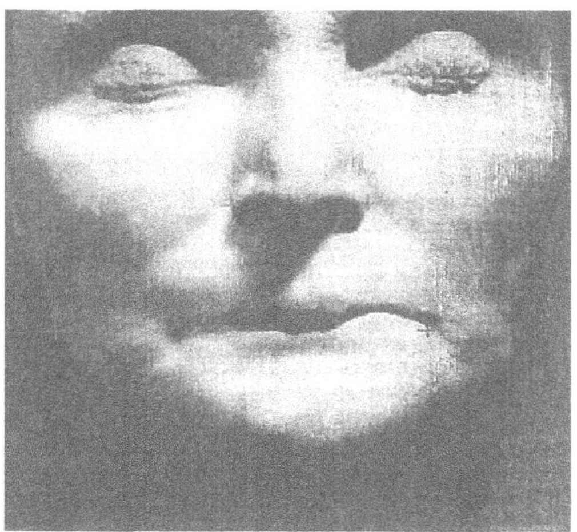

Figura 5: Vista frontale della maschera RUSI.

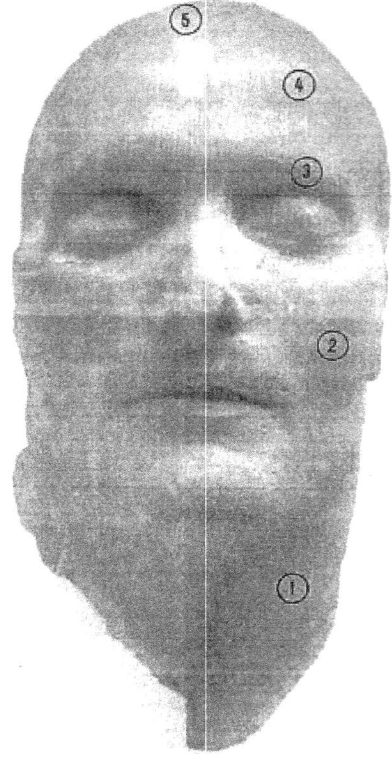

Figura 6: Fotografia della maschera di Azémar. I cerchi numerati da 1 a 4 corrispondono alle aree della maschera in cui sono stati prelevati i campioni di gesso.

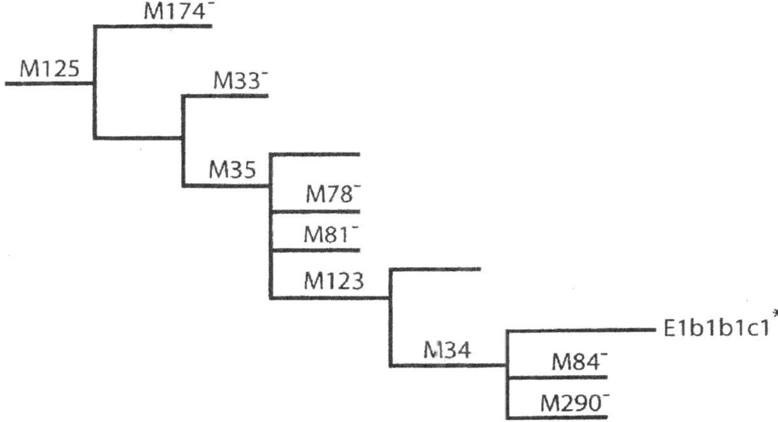

Figura 7: Questa figura mostra la gerarchia dell'uso successivo di questi marcatori già descritti nella letteratura scientifica; l'aplotipo risultante è effettivamente E1b1b1c1, mentre il marcatore SNP terminale della differenziazione è M13.
Ordine successivo dei marcatori utilizzati nella determinazione dell'aplotipo Napoleone. Il primo marcatore presente è M125 (si controlla che M174 sia negativo); il secondo è M35 (si controlla che M33 sia negativo); poi si dimostra che M123 è presente (M81 e M78 sono negativi). Il marcatore terminale della differenziazione è M34 (M84 e M290 sono negativi); l'aplotipo risultante è: E1b1b1c1.

Locus	Y-STRs	Napoléon I	Charles Napoléon
1	DYS393		14
2	DYS390		24
3	DYS19*	13	13
4	DYS391		10
5	DYS385a		16
6	DYS385b		16
7	DYS426		11
8	DYS388		12
9	DYS439		12
10	DYS389-1		14
11	DYS392		11
12	DYS389-2		31
13	DYS458		19
14	DYS459a		9
15	DYS 459b		9
16	DYS455		11
17	DYS454		7
18	DYS447		21
19	DYS437		14
20	DYS448		20
21	DYS449		28
22	DYS464a**		14
23	DYS464b**		15
24	DYS464c**		16
25	DYS464d**		17
26	DYS460		10
27	DYSGATAH4		11
28	DYSYCAIIa	19	19

29	DYSYCAIIb	22	22
30	DYS456		15
31	DYS607		12
32	DYS576		18
33	DYS570		19
34	DYSCDYa		35
35	DYSCDYb		36
36	DYS442		12
37	DYS438		10

Figura 8: La tabella qui sopra mostra il profilo Y-STR di Carlo Napoleone basato su 37 marcatori Y-STR (loci da 1 a 37); i valori allelici per ciascun marcatore sono indicati dai numeri. I valori allelici di Napoleone sono gli stessi per tre di questi marcatori (una stella indica un valore discriminante per l'aplotipo E1b1b e due stelle un valore altamente discriminante per questo aplotipo.

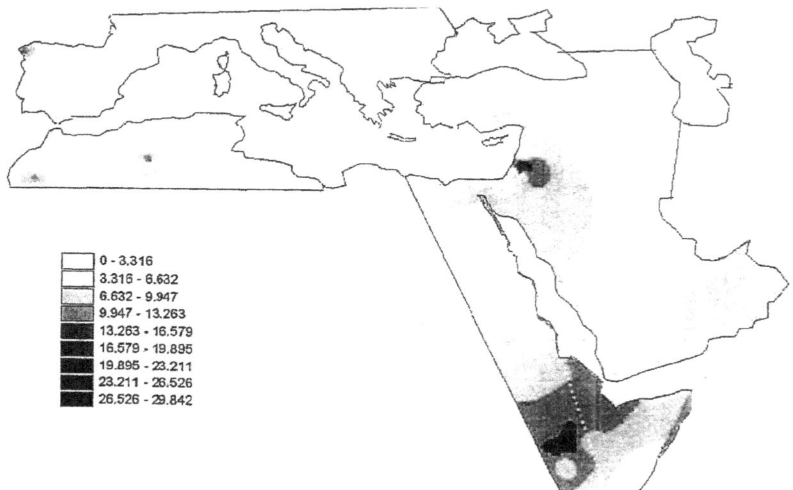

Figura 9: Valori (elaborati numericamente) delle percentuali di uomini portatori del marcatore M13 nelle popolazioni del Medio Oriente, del Nord Africa e della Spagna nord-occidentale. Le due scale di grigio indicano le percentuali crescenti riscontrate.

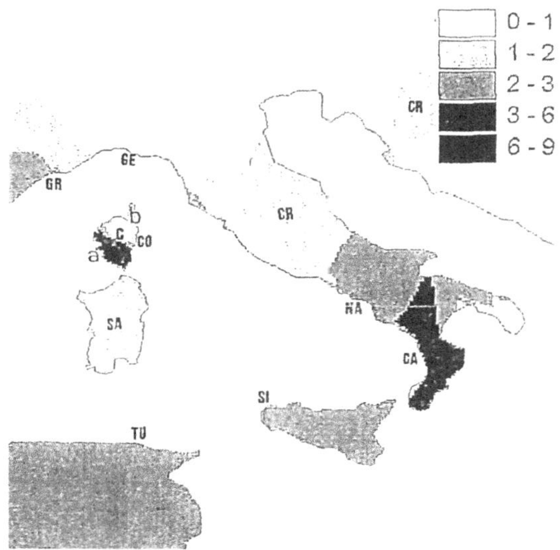

Figura 10: Valori numerici delle percentuali di uomini portatori del marcatore M13 nelle popolazioni dell'Italia continentale, della Sicilia, della Tunisia, della Sardegna, della Corsica e di parte della Francia sudorientale. Sono mostrate cinque tonalità di grigio.

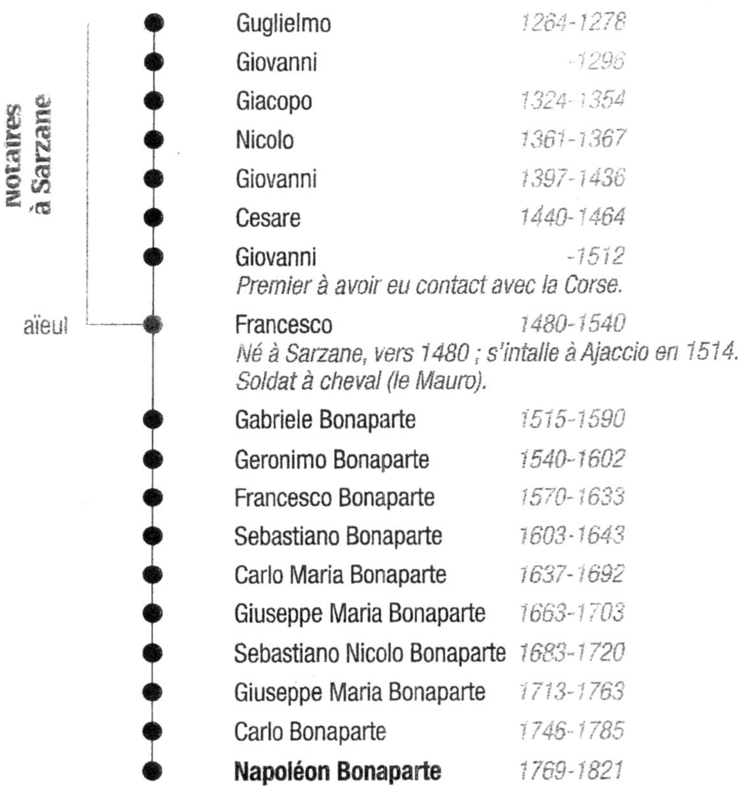

Figura 11: L'ascendenza paterna di Napoleone Bonaparte su 17 generazioni. Le date di nascita e di morte sono indicate quando sono note.

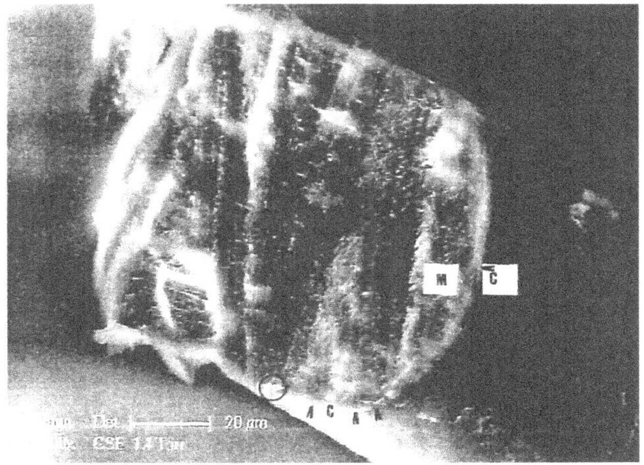

Figura 12: Ho controllato questa lentiggine con un microscopio elettronico. I melanosomi, corpuscoli contenenti grani di melanina, sono presenti nei capelli in due forme:

- Il tipo 1, a forma di chicco di riso, contiene eumelanina nera;
- feomelanina di tipo 2, tra il giallo e il marrone.

Tuttavia, questi sono più numerosi negli strati superficiali del pelo, il che si traduce in un colore rossastro. Si noti ancora una volta la sottigliezza di questi peli, con uno spessore medio di soli 50-60µ.

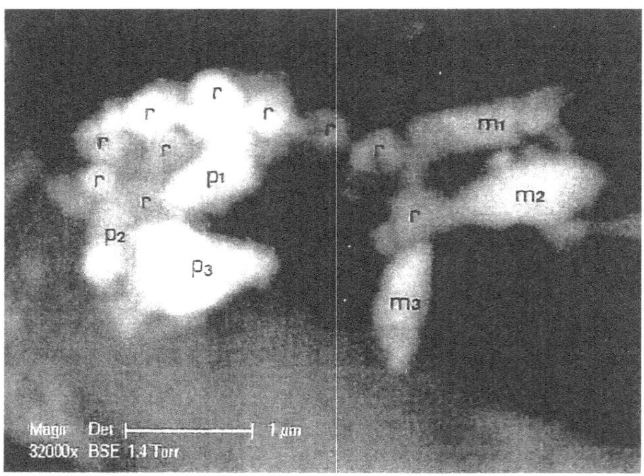

Figura 12 (continua) :
Fotografie al microscopio elettronico a scansione dei melanosomi sulla superficie di una fetta di capelli di Napoleone:
- *Pagina precedente* (× 1.000): fetta di capello (corteccia C; matrice M); le frecce indicano le regioni della corteccia che sono state tagliate; il piccolo cerchio è ingrandito nella fotografia in basso.
- *sopra* (× 32.000): la regione ingrandita del cerchio che mostra i melanosomi. I corpi m1, m2, m3 sono eumelanosomi; p1, p2, p3 sono feomelanosomi.

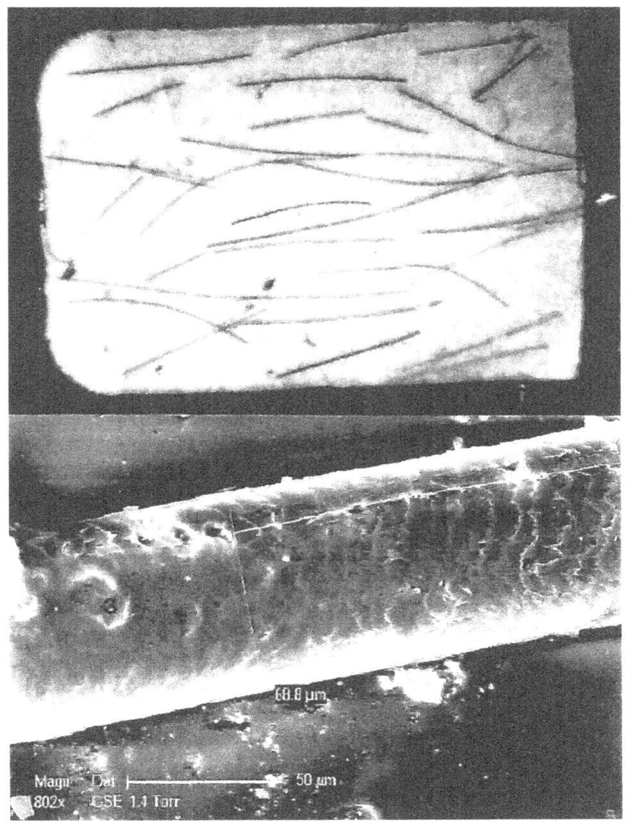

Figura 13: Queste fotografie illustrano le due caratteristiche dei capelli di Napoleone. *In alto* (microscopia ottica × 20): lentiggini, su alcune decine di frammenti di capelli (visibili solo sulle fotografie originali). *In basso* (microscopia elettronica a scansione × 802): la sottigliezza. Il capello mostrato misura 68,8 µ di diametro.

Figura 14: Dipinto di Bonaparte realizzato da François Gérard nel 1803. In basso a sinistra: 1. viso pallido, 2. occhi azzurri, 3. capelli con riflessi rossastri (visibili solo nelle fotografie originali).

- Pelle bianca determinata dall'omozigosi FF del gene MATP.
- Occhi chiari determinati dall'omozigosi CC di una variante del gene HERC2.
- La lentigginosità è stata determinata mediante il sequenziamento del gene MC1-R, nel quale è stata riscontrata allo stato eterozigote la mutazione D294H, la principale mutazione che provoca lentigginosità in alcune popolazioni.

Figura 15: diagramma di flusso che riassume le somiglianze e le differenze tra Clovis e C. Cipollini.

Figura 16: Fotografia del «pene». *In alto,* la scatola (B) decorata con una N d'oro sormontata da una corona. *In basso,* i due scomparti all'interno della scatola: quello a destra contiene la parte anatomica (P), quello a sinistra due buste contenenti i capelli.

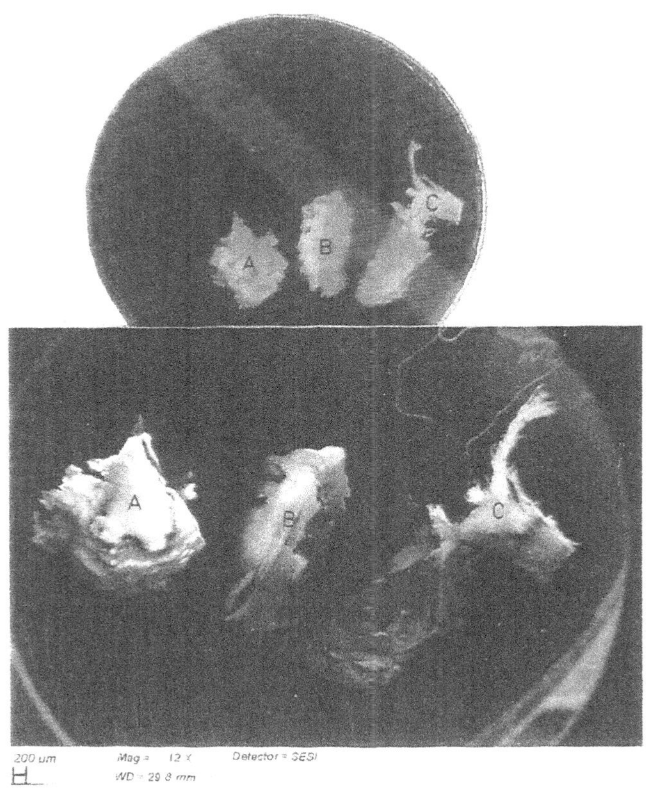

Figura 17: Fotografie dei tre frammenti A, B e C. *In alto,* microscopia ottica. *In basso,* microscopia elettronica a basso ingrandimento (×12).

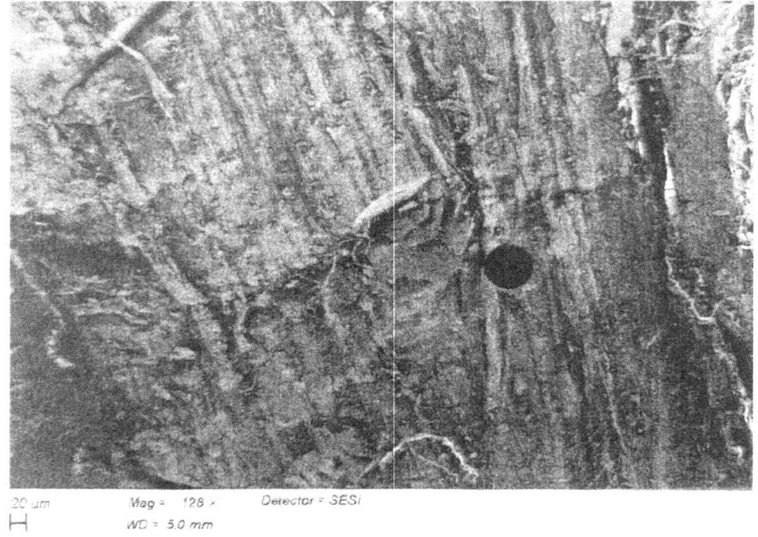

Figura 18: Fotografia al microscopio elettronico a scansione (× 128) di una porzione della parte 2 del frammento C, che mostra le striature longitudinali (il punto nero indica la superficie del campione dove è stata effettuata l'analisi EDX).

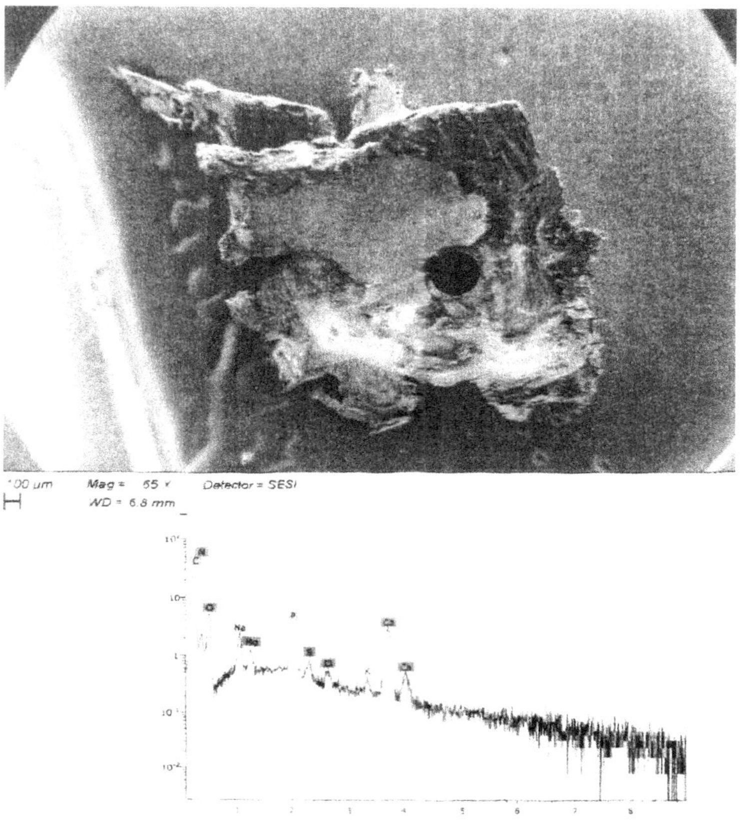

Figura 19: Fotografia e analisi EDX del frammento A. *In alto:* fotografia al microscopio elettronico a scansione (× 65) del frammento A: il punto nero indica la superficie di questo campione dove è stata effettuata l'analisi EDX. *In basso,* spettro EDX (in coordinate semilogaritmiche, per distinguere meglio i piccoli picchi elementari). I picchi elementari sono i seguenti: C: Carbonio; N: Azoto; O: Ossigeno; Na: Sodio; Mg: Magnesio; P: Fosforo; S: Zolfo; Cl: Cloro; K: Potassio; Ca (due picchi): Calcio.

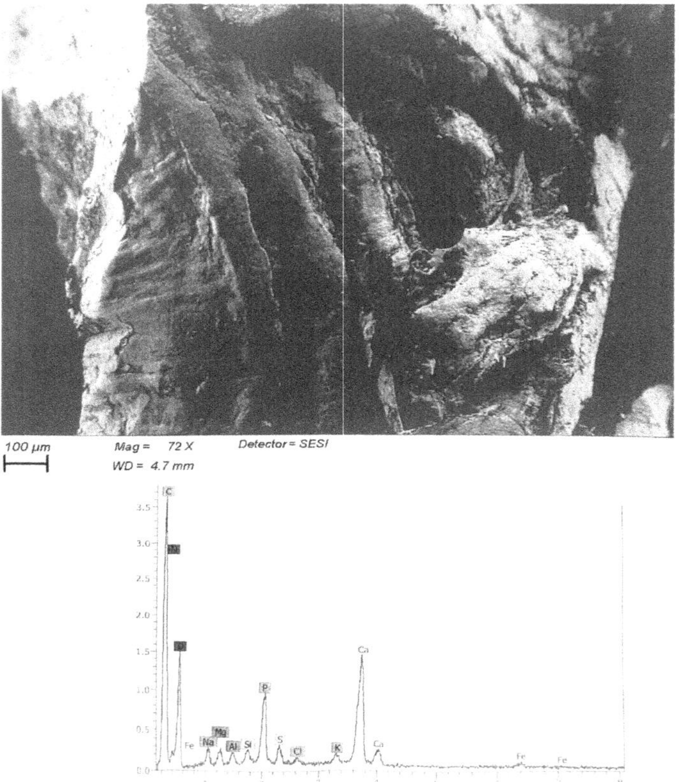

Figura 20: Fotografia e analisi EDX del frammento C. *In alto*: fotografia al microscopio elettronico a scansione (×72) di una porzione della parte 1 del frammento C, che mostra tre vasi sanguigni orientati lungo l'asse longitudinale del pezzo. Il punto nero indica la superficie di questo campione dove è stata effettuata l'analisi EDX. *In basso*, lo spettro EDX, che mostra i picchi degli elementi. Questi includono il fosforo (P) e il calcio (Ca), che corrispondono al fosfato di calcio presente nel campione; il piccolo picco del ferro (Fe) corrisponde probabilmente all'emoglobina dei globuli rossi.

15. Bibliografia scientifica commentata

A beneficio dei lettori con una mentalità più scientifica, ho fornito un elenco di riferimenti bibliografici per i vari marcatori del DNA utilizzati nei vari studi descritti in questo libro e per il loro utilizzo.

A. DNA mitocondriale (mtDNA)

La mutazione mtDNA 16184T caratteristica di Napoleone, di sua madre e di sua sorella Caroline è stata pubblicata con il riferimento :

LUCOTTE Gérard, «Una rara variante della sequenza mtDNA HSV1 nei capelli della famiglia Napoleone», *Investigative Genetics,* vol. 1, 2010, p. 1-5.

Data l'abbondanza di mtDNA nelle cellule, questa mutazione è la più facilmente rilevabile. È stata utilizzata per autenticare i resti di Napoleone in diversi casi. In primo luogo (studio non pubblicato), nel caso di una ciocca di capelli acquistata da un collezionista privato, accompagnata da un attestato di Antommarchi.

Questa mutazione è stata riscontrata anche in un pelo di sopracciglio della maschera mortuaria di Azéma-Antommarchi:

LUCOTTE Gérard, THOMASSET Thierry, POUGETOUX Alain, «La mutazione Napoleone 16184T è quella trovata nella sequenza HSV1 del mtDNA estratto da un sopracciglio incluso nel gesso della maschera mortuaria Antommarchi di Napoleone», *International Journal of Sciences*, vol. 4, gennaio 2018, pagg. 104-133.

Per informazioni sui peli della barba nella maschera Noverraz (studio non pubblicato) e sulla peluria tra le sopracciglia nella maschera RUSI, consultare :

LUCOTTE Gérard, JULLIEN, Frans, THOMASSET Thierry, «La maschera del RUSI è una replica autentica della maschera funeraria originale di Napoleone», *International Journal of Sciences,* vol. 12(7), gennaio 2023, pagg. 55-68.

Questa mutazione è stata riscontrata anche :

- nei capelli di uno dei cappelli di Napoleone (studio non pubblicato), che ha portato alla sua autenticazione;

– nell'«epidermide» del campione di Napoleone, prelevato dal dottor Guillard al momento della restituzione delle ceneri:

Lucotte Gérard, Thomasset Thierry, Borensztajn Stephen, «Il medaglione del dottor Rémy Guillard (1799-1869) contiene bene l'epidermide di Napoleone I», *International Journal of Sciences*, vol.10(11), novembre 2021, pagg. 1-6.

– così come nel «pene» di Napoleone:

Lucotte Gérard, Borensztajn, Stephan, «Analisi SEM-EDX e mtDNA del pene di Napoleone», *Rivista internazionale di scienze*, vol. 11(5), maggio 2022, pagg. 15-21.

B. Aplotipi e aplogruppi del cromosoma Y

Sono stati pubblicati i primi marcatori SNP di Napoleone e quelli del profilo Y-STRs di Carlo Napoleone:

Lucotte Gérard, Thomasset Thierry, Hrechdakian Peter, «Haplogroupe of Y chromosome of Napoleon the First», *Journal of Molecular Biology Research*, vol. 1, n. 1, dicembre 2011, pagg. 12-19.

Il profilo completo degli Y-STR di Alexandre Walewski è stato successivamente pubblicato in :

Lucotte Gérard, Macé Jacques, Hrechdakian Peter, «Reconstruction of the Lineage Y Chromosome Haplotype of Napoleon the First», *International Journal of Sciences,* settembre 2013, vol. 2(9), p. 127-139.

Infine, un confronto tra i profili S-STR di Charles Napoléon, Alexandre Walewski e Mike Clovis, nonché una ricostruzione di quello di Napoléon, sono disponibili qui:

LUCOTTE Gérard, HRECHDAKIAN Peter, «New Advances Reconstructing the Y Chromosome Haplotype of Napoleon the First based on three of his living descendants», *Journal of Molecular Biology Research,* vol. 5(1), 2015, pp. 1-10.

Qui è stato pubblicato uno studio sulla distribuzione geografica dell'SNP denominato M34, il marcatore SNP terminale della differenziazione dell'aplotipo Y di Napoleone:

LUCOTTE Gérard, DIÉTERLEN Florent, «Frequencies of M34, the Ultimate Genetic Marker of the terminal differenciation of Napoleon the First Y-Chromosome Haplogroup E1b1b1c1, in Europe, Nothern Africa and the Near East», *International Journal of Anthropology,* 2014, vol. 29, n. 1,2, pagg. 27-41.

Lo studio più completo dei marcatori AND sul cromosoma Y di Napoleone (in realtà dedotto da Mike Clovis) è stato finalmente pubblicato con il titolo :

LUCOTTE Gérard, HRECHDAKIAN Peter, SAVARD, Denis, «Towards a full-length Y-chromosome DNA sequence of Napoleon the First: beyond the E-M34 SNP sub-haplogroup», *Austin Journal of Genetics and Genomic Research,* vol. 2(2), 2015, p. 1-4.

Questa è stata la base per la successiva caratterizzazione di M. Grassi di uno dei tre soggetti italiani della regione di Sarzane (la cui famiglia era imparentata con quella di Napoleone).

C. Marcatori autosomici

I marcatori autosomici sono quelli il cui DNA non si trova sui cromosomi sessuali (Y e X). Abbiamo pubblicato su questi marcatori:

LUCOTTE Gérard, BOUIN WILKINSON Alexandra, «An autosomal STR profile of Napoleon the First», *Open Journal of Genetics,* vol. 4, 2014, p. 292-299.

I 14 marcatori genetici descritti, i cui geni sono localizzati su diversi cromosomi, formano un profilo STR che potrebbe essere utilizzato in futuro per la ricerca di parenti e discendenti putativi di Napoleone.

Nello studio del volto di Napoleone sono state utilizzate altre varianti genetiche autosomiche:

LUCOTTE Gérard, MACÉ Jacques, THOMASSET Thierry, «Napoleone il Primo, un còrso con pelle chiara, occhi limpidi e capelli rossi: la prova del DNA per questi tratti fenotipici», *International Journal of Sciences,* vol. 10(7), luglio 2021, pagg. 1-5.

Si tratta della variante F del gene MATP, della variante C del gene HERC2 e della mutazione D 294H del gene MC1-R (di cui è stata determinata l'intera sequenza).

Indice dei contenuti

www.ingramcontent.com/pod-product-compliance
Lightning Source LLC
LaVergne TN
LVHW012053160826
845678LV00014B/2807

* 9 7 8 2 3 1 5 0 2 3 7 4 5 *